Andrea Ypsilanti

Im Aufbruch in die Soziale Moderne

Politische Reden und Beiträge

2006–2008

Mit einem Geleitwort von Franz Alt
und einem Vorwort von Jörg Jordan

Ponte Press
Bochum 2008

ISBN 978-3-920328-53-9

CIP Titelaufnahme der Deutschen Bibliothek:
Andrea Ypsilanti: Im Aufbruch in die Soziale Moderne. Reden und Beiträge 2006–2008.

Ponte Press Verlags GmbH, Stockumer Str. 148, D-44892 Bochum
www.ponte-press.de

Print: Druckerei POMP, Bottrop
Printed in Germany

Inhalt

Beiträge von Andrea Ypsilanti

Geleitwort:
Warum ich Andrea Ypsilanti unterstütze

Franz Alt

Das parteipolitische und publizistische Patriarchat der Bundesrepublik war das ganze Jahr 2008 damit beschäftigt, den Erfolg einer Frau zu verhindern, die im Januar desselben Jahres bei der hessischen Landtagswahl einen überraschenden Erfolg erringen konnte: 8% hatte die SPD-Frau an Stimmen gegenüber der letzten Landtagswahl gewonnen und ihr männlicher Gegenspieler *Roland Koch* hatte 12% Stimmen verloren. Es war der einzig wirkliche SPD-Sieg seit vielen Jahren.

Die verantwortlichen Männer bei Spiegel, FAZ, Bild, Welt und den Sonntagszeitungen waren sich mit den Männern an der SPD-Spitze in Berlin einig: Diese Frau mit ihrem sozial-ökologischen Programm und einem starken Wirtschaftsminister *Hermann Scheer* sollte besser nicht hessische Ministerpräsidentin werden. Eine wirklich sozial-ökologische Politik in einem wichtigen Industrieland der Bundesrepublik mit dem Ziel einer 100-prozentigen solaren Energiewende schien eine Gefahr für das gesamte parteipolitische Establishment der Bundes-

---

Dr. Franz Alt, geboren 1938, Fernsehjournalist und Publizist. Nach dem Studium von Politikwissenschaft, Geschichte, Philosophie, Theologie und Promotion in Politikwissenschaft (Dissertation über *Konrad Adenauer*), war er in verschiedenen Funktionen beim Südwestfunk tätig: 1972–1992 Leiter und Moderator des politischen Magazins „Report", ab 1992 Leiter der Magazine „QUER DENKER" und „GRENZENLOS" in 3sat. Ab 2003 lieferte er Hintergrundberichte für über 40 Zeitungen und Magazine. *Franz Alt* erhielt zahlreiche Auszeichnungen, u.a. den Adolf-Grimme-Preis (1979), den Deutschen Solarpreis (1994), den Europäischen Solarpreis (1997), den Menschenrechtspreis „AWARD 2003", den Umweltpreis der deutschen Wirtschaft (2004) und den Innovationspreis (2006).

republik Deutschland. Als dann das Experiment *Ypsilanti* beim zweiten Anlauf im Spätherbst endgültig gescheitert war – auch noch unter Beteiligung von drei SPD-Frauen –, war denselben Männern klar, was schon Jean Jacques Rousseau wusste: Frauen bringen nur Unordnung in die Politik. Die „desordre des femmes" war das Problem! Das allgemeine Aufatmen der Männer war unüberhörbar: Die „industriefeindliche" Frau *Ypsilanti*, diese „machtversessene Frau", war endlich gestoppt.

Der Wortbruch, den *Andrea Ypsilanti* beging, als sie im Wahlkampf und noch in den Tagen danach versprochen hatte, nicht mit der Linkspartei zusammenzuarbeiten, es dann aber doch tat, wurde ihr noch vorgehalten, als sie ihren Fehler längst eingestanden hatte. Der inhaltliche Wortbruch ihres Gegenspielers *Roland Koch*, der sich im Wahlkampf über die Erneuerbaren Energien wie Windräder lustig gemacht hatte, aber gleich nach der Wahl Hessen zum „Musterland für Erneuerbare Energien" machen wollte, weil er die Grünen für eine Koalition brauchte, galt in den oben genannten Medien als geschickter Schachzug und taktisch clever. Ein Wortbruch ist ein Wortbruch, aber natürlich nur bei einer „machtversessenen" Frau. Derselbe Tatbestand gilt bei einem Machtpolitiker wie *Roland Koch* als Pragmatismus. Konrad Adenauer wurde für sein bekanntes Wort „Was interessiert mich mein Geschwätz von gestern!" geradezu bewundert. Dieser Hinweis ist kein Plädoyer für die Lüge in der Politik, aber ein Appel an die Fairness.

Andrea Ypsilanti war aber nicht nur Gegenspielerin von *Roland Koch*, sie war für die SPD-Spitze in Berlin – wie dieses Buch mit den wichtigsten Reden der SPD-Chefin von Hessen zeigt –, über die Erneuerbaren Energien hinaus die programmatische Gegenspielerin einer männerdominierten SPD-Führung in Berlin, die sozial wie ökologisch seit ihrer Hartz IV-Politik nicht mehr überzeugend ist und deshalb den Erfolg der Linken geradezu provozierte. Statt die inhaltlichen Konflikte und die programmatischen Auseinandersetzungen in der SPD zu thematisieren, zelebrierten die Medien jedoch die „hessischen Verhältnisse" als das „Leiden professioneller Männer an der Unprofessionalität von Frauen". So beschrieb die Politologin *Ingrid Kurz-Scherf* das hessische Politdrama präzise. Politische Inhalte oder gar die Ängste der alten Energiewirtschaft vor den Herausforderungen des kommenden solaren Zeitalters wurden so ähnlich tabuisiert wie die Ängste der Investmentbanker vor dem Platzen der Spekulationsblase.

Ich habe als parteiloser Christdemokrat *Andrea Ypsilanti* und ihren designierten Wirtschafts- und Umweltminister *Hermann Scheer* im Wahlkampf unterstützt, weil mit ihnen erstmals in einem wichtigen deutschen Bundesland die 100-prozentige solare Energiewende in 20 bis 30 Jahren möglich schien.

Frau *Ypsilanti* erhielt von den hessischen Wählerinnen und von den jüngeren Menschen in Hessen die meisten Stimmen, weil sie eine eigenständige Politik für eine sozial-ökologische Moderne propagierte. Hinzu kommt: Ich mag Menschen, die Fehler machen und daraus lernen. Den Lernenden gehört hoffentlich die Zukunft.

Sätze wie: „Das Ziel ist die vollständige Umstellung auf Erneuerbare Energien. Das ist die Schlüsselfrage der nächsten Jahrzehnte für Wirtschaft und Umwelt" (Seite 21) hört die alte Energiewirtschaft nicht gern – aber auch die meisten Spitzengenossen nicht. Und die Alarmglocken schrillen besonders laut, wenn eine Spitzenpolitikerin der SPD nicht nur sagt „Weg vom Öl", sondern auch noch „Weg von der Kohle". Für die beiden großen Parteien in Deutschland und ihre Energiepolitik gilt: Des einen Kohle ist des anderen Atom. Verfilzt und zugenäht! Einen normalen Regierungswechsel in Hessen, das hätten die SPD-Oberen noch mitgetragen, aber ein Politikwechsel wie ihn *Andrea Ypsilanti* anstrebte, das war dann doch zu viel.

Wie gut, dass dieses Buch noch einmal dokumentiert, worum es in Hessen *inhaltlich* ging. Wolfgang Clement hat es nach seinem SPD-Austritt in einem Interview mit der „Welt am Sonntag" dankenswert klar gesagt: Es war nicht der Wortbruch – „Nein, es war eine scharfe Abrechnung mit der Energiepolitik von Frau *Ypsilanti* und Herrn *Scheer.* Es ging mir darum und um nichts anderes."

Und neben ihrem Einsatz für Erneuerbare Energien hat Frau *Ypsilanti* noch einen zweiten Tabubruch begangen. Sie wollte nicht dem neoliberalen Zeitgeist der Hartz IV-Politiker hinterherlaufen. Das wollen jetzt plötzlich in der Finanzkrise viele SPD-Spitzenpolitiker auch nicht mehr. Doch die hessische SPD-Chefin war mit ihrer politischen Analyse ihrer Zeit voraus. Ihr sozial-ökologisches Programm ist und hat Zukunft. Alle Parteien, die wirklich Zukunft gestalten wollen, müssen sich damit endlich auseinander setzen. Es geht um die Erneuerung der politischen Kultur.

Franz Alt
Baden-Baden, im Dezember 2008

Vorwort

Jörg Jordan

Der 3.11.2008 wird in die Geschichte deutscher Parteipolitik eingehen als Tag eines bis dahin kaum vorstellbaren Ereignisses: Drei sozialdemokratische Landtagsabgeordnete weigerten sich, den für den nächsten Tag vorgesehenen Regierungswechsel durch Wahl einer sozialdemokratischen Ministerpräsidentin mitzuvollziehen. Gemeinsam mit einer weiteren Abgeordneten, die dies schon länger angekündigt hatte, blockierten sie damit einen Politikwechsel in Hessen.

Das von der Wählermehrheit am 27.1.2008 bestätigte zentrale Wahlkampfziel der SPD, der Partei der Grünen und der Linkspartei, die Abwahl der CDU-Regierung *Koch*, ließ sich nicht verwirklichen, weil vier SPD-Abgeordnete es nach ihren Angaben nicht mit ihrem Gewissen vereinbaren konnten, dass dieses Ziel durch eine Partnerschaft aller drei Parteien erreicht würde. Weil *Andrea Ypsilanti* als Spitzenkandidatin der SPD im Wahlkampf eine Zusammenarbeit mit der Linkspartei abgelehnt hatte, gebot das Gewissen der Vier ihnen, wie sie erklärten, den Regierungswechsel auf diesem Wege – und damit den Politikwechsel in Hessen, für den besonders die SPD in den Wahlkampf gezogen war – zu verhindern.

Drei der Vier wählten für die Bekanntgabe dieser „Gewissensentscheidung" einen Zeitpunkt, an dem dieses Ereignis für die SPD am schädlichsten sein

---

Jörg Jordan, geboren 1938, Rechtsanwalt. 1973–1979 war er Stadtentwicklungs- und Baudezernent von Wiesbaden und 1980–1987 Staatssekretär im hessischen Ministerium für Landesentwicklung, Umwelt, Landwirtschaft und Forsten. 1988–1991 und 1995–2004 war er Geschäftsführer eines Projektentwicklungsunternehmens. 1991–1995 amtierte er als hessischer Minister für Landesentwicklung, Wohnungsbau, Landwirtschaft, Forsten und Naturschutz. Seit 1969 ist er ununterbrochen Delegierter auf den Landesparteitagen und Bundesparteitagen der SPD. Innerhalb dieses Zeitraums war *Jörg Jordan* mehrfach Vorsitzender des SPD-Unterbezirks Wiesbaden.

musste, exakt vierundzwanzig Stunden vor dem geplanten Beginn der für die Neuwahl der Ministerpräsidentin bereits einberufenen Landtagssitzung. In verschiedenen Erklärungen und innerparteilichen Abstimmungen hatten sie zuvor den Anschein erweckt, dem nach einem breiten, demokratischen Entscheidungsfindungsprozess mit überwältigender Mehrheit auf dem Landesparteitag der SPD in ihrer Anwesenheit am 1.11.2008 beschlossenen Kurs folgen zu wollen. Sie verschafften auf diesem Wege der CDU-Regierung eine beispiellose Chance der Wiederauferstehung und langfristiger Sicherung ihrer politischen Macht in Hessen, anstatt des schon sicher geglaubten und von der Wählermehrheit gewollten CDU-Abstiegs in die Opposition.

Sie stürzten damit zwangsläufig die Landes-SPD in eine tiefe Krise und nehmen dabei offensichtlich billigend in Kauf, ihre Partei bei den durch ihr Verhalten fälligen Neuwahlen dem Risiko einer schweren Niederlage auszusetzen. Man darf von ihnen als Berufspolitikern auch annehmen, dass sie auch die weitreichenden bundespolitischen Folgen ihrer im Ergebnis die Machtposition *Roland Koch*s und seiner besonders konservativen Hessen-CDU in Hessen stützenden Entscheidung einkalkuliert hatten.

Über die Hintergründe dieses angeblichen Gewissensfindungsprozesses kann man zur Zeit nur spekulieren. Schon jetzt ist aber sicher: Das Ziel der hessischen Sozialdemokraten, das Land mit einer innovativen neuen Politik wieder nach vorn zu bringen, im Wahlkampf als Weg in die „Soziale Moderne" populär gemacht, wurde mutwillig erschwert. Kernpunkte dieses Anschubs sollten eine andere, auf gleichberechtigte Entwicklungschancen jedes einzelnen Kindes zielorientierte Bildungspolitik und eine konsequent nur noch erneuerbare Energiequellen fördernde und fordernde Landesentwicklungs- und Umweltpolitik sein. Dieses sozialdemokratische Vorhaben, unter *Andrea Ypsilantis* Führung Hessen durch wirtschaftliche Blüte, ökologische Verantwortung und soziale Gerechtigkeit wieder zu einem Musterbundesland mit hoher Ausstrahlung in die deutsche Politikwirklichkeit zu machen, hat zunächst einen empfindlichen Rückschlag erlitten.

Umso wichtiger ist es, dass der Politikinhalt, um den es bei dem geplanten Regierungswechsel ging, im Trubel der stark personalisierten, kontroversen politischen Diskussion nicht untergeht. Ihn hat niemand so umfassend und einleuchtend formuliert wie *Andrea Ypsilanti* selbst, in ihrer Funktion als Landesvorsitzende der hessischen SPD und Hoffnungsträgerin dieser politischen Bewegung. Ihre Reden und Beiträge sind wichtige Dokumente der großen Perspektive des Politikwechsels in unserem Land, den die Vier verhindert haben.

Zugleich verdeutlichen diese Texte die große Ausstrahlung der Landesvorsitzenden als „eine vom Humanismus beseelte Frau, die im Wahlkampf die Herzen mit den traditionalen Ideen der Willy-Brandt-SPD gewann, ... (denn) ... sie trifft doch die Sehnsucht der Menschen nach einer humaneren Welt, ... nach Erkämpfen von mehr Solidarität" (*Horst-Eberhard Richter*, FR 19.11.2008). In dieser Wirkung war und ist *Andrea Ypsilanti* ihren vier „Parteifreunden" vom neoliberalen Netzwerk, die ihren Weg nun hinterrücks torpediert haben, weit überlegen.

Die Texte dokumentieren allerdings auch die Schwierigkeiten des politischen Prozesses und der notwendigen Entscheidung zwischen dem Festhalten an einer parteitaktischen Erklärung im Wahlkampf und den inhaltlichen Wahlkampfaussagen der Partei. Aufgrund des Wahlergebnisses war eine gleichzeitige Verwirklichung aller erklärten Wahlkampfziele nicht möglich. Dies galt jedoch nicht nur für die SPD, sondern gleichermaßen für die Grünen, die CDU und die FDP. Angelastet wurde diese Konstellation allerdings allein *Andrea Ypsilanti* und der SPD. Das deutet darauf hin, dass die monatelang andauernde Kampagne gegen sie – an der auch einzelne Personen der Bundespartei und einige Leitmedien massiv mitwirkten – nicht im „Wortbruch" begründet ist, sondern gegen das von *Andrea Ypsilanti* vertretene politische Konzept gerichtet ist.

Die Reden *Andrea Ypsilantis* markieren deshalb auch den demokratischen Willensbildungsprozess in der SPD, der schließlich zu dem überwältigenden Votum des Landesparteitags am 1.11.2008 für die Verwirklichung der mit den Grünen ausgehandelten neuen Politik für unser Bundesland, unter Duldung durch die Linkspartei, geführt hat.

Die hier vorliegende dokumentarische Veröffentlichung von *Andrea Ypsilantis* wichtigsten Reden und Beiträgen und der darin aufscheinenden modernen sozialdemokratischen Politikalternativen spiegeln nicht nur den konfliktgeladenen politischen Prozess des hessischen Landtagswahlkampfs bis hin zum gescheiterten Regierungswechsel wider. Sie zeigen vor allem die programmatische Dimension des von *Andrea Ypsilanti* konsequent durchdachten politischen Projekts der Sozialen Moderne, das für die Zukunftsfähigkeit der SPD und mögliche neue Wahlerfolge eine nachhaltige Bedeutung hat – über Hessen hinaus.

Jörg Jordan
Wiesbaden, im Dezember 2008

Reden von Andrea Ypsilanti

„Mit Profil und Programm, mit Herz und Verstand"

Rede auf dem hessischen SPD-Landesparteitag zur Bewerbung um die SPD-Spitzenkandidatur zur Landtagswahl, Rotenburg, 2.12.2006

Liebe Genossinnen und Genossen,
die meisten von Euch werden den heutigen Tag mit Spannung erwartet haben – ich übrigens auch. Mit eurer Entscheidung heute beginnt für uns der Landtagswahlkampf 2008. Jetzt wird es ernst. Ab heute gilt's: Wir wollen und wir werden das sozialdemokratische Stammland Hessen zurückgewinnen. Nicht für die SPD – sondern für die Menschen in diesem Land.

Bei allem internen Wettbewerb war immer klar – es geht uns um Hessen. Hessen hat eine bessere Regierung verdient als *Koch* und seine CDU! Ihr trefft heute die Entscheidung. Wer an die Spitze will, sollte deshalb seine Grundsätze und die politischen Maßstäbe für sein Handeln darlegen. Das will ich tun.

SPD war immer dann stark, wenn sie über den Tellerrand geschaut hat,

- wenn sie der Zeit vorausgedacht hat,
- wenn sie mutig genug war, um Probleme, Lösungen und Ziele zu beschreiben, die sich vielleicht erst ganz zart am Horizont abgezeichnet haben. Denkt an *August Zinn* und seinen Hessenplan,
- wenn sie neben dem Klein-Klein des Alltags auch die große Linie des Gesamtbildes gezeigt hat,
- und wenn sie entschlossen politische Widerstände überwunden hat, wie *Willy Brandt* mit seiner Ostpolitik.

Ich will diese Stärke der Sozialdemokratie wieder wecken! Ich will die Lebendigkeit unserer Partei wieder spüren! Ich will, dass ihr sie spürt!

Wir Sozialdemokraten haben es nicht nötig, dem neoliberalen Zeitgeist hinterherlaufen. Wir wissen: Es gibt Alternativen und diese Alternativen sind machbar. Deshalb geht es bei der Landtagswahl um mehr – um mehr als einfach nur *Roland Koch* abzulösen! Mir geht es um einen grundsätzlichen Politikwechsel. Deshalb brauchen wir den Regierungswechsel.

Erinnert euch: Als linke Volkspartei haben wir Sozialdemokraten Hessen jahrzehntelang nach vorn gebracht. Unser Land hatte großen wirtschaftlichen Erfolg mit seinen industriellen Zentren und seiner mittelständischen Wirtschaft. Es war bundesweit das Vorbild für soziale Gerechtigkeit und gleiche Bildungschancen. Es galt als Hüter des demokratischen Rechtsstaates. Es war Sinnbild für demokratischen Gemeinsinn und freiheitliche Kultur.

Für diese Geschichte stehen die politischen Leitfiguren wie *Georg August Zinn* und *Holger Börner*, aber auch bundesweit geachtete Namen wie der Generalstaatsanwalt *Fritz Bauer*, der frühe Atomenergiekritiker und Bundestagsabgeordnete *Karl Bechert*, *Margarethe* und *Alexander Mitscherlich*, *Theodor Adorno* und *Max Horkheimer*, *Horst Eberhard Richter* und der erst im Sommer verstorbene Schriftsteller *Robert Gernhard*. Warum sage ich das? Weil die hessische Erfolgsgeschichte beweist: Es ging nie nur einseitig um die Ökonomie. Es ging immer um Vielfalt und Ganzheitlichkeit. Es ging um eine umfassende demokratische Gesellschaftspolitik!

Und heute?

Durch bald acht Jahren Regierung *Koch* gab es in Hessen großen sozialen Rückschritt. *Koch* hat mit seiner Sozial-, Bildungs- und Hochschulpolitik das Land gespalten. Seine neoliberale Wirtschaftspolitik ist Kommunal- und mittelstandsfeindlich und hat die hessische Wirtschaft zurückgeworfen: mehr Schulden, mehr Ausbildungsnot, mehr Auslese an den Schulen, mehr Belastungen für Studierende, mehr Steuerungerechtigkeit, mehr Arbeitslosigkeit!
Diese Politik *Kochs* ist vielleicht gut für Millionäre, sie ist garantiert schlecht für Millionen Menschen in diesem Land.

Die dogmatische neoliberale Politik ist, wie überall auf der Welt, am Ende. Sie hat nichts von dem gehalten, was sie versprochen hat. Die Menschen lassen sich immer weniger davon blenden. Es ist ein Trugschluss, dass es keine Alternative zur neoliberalen Politik gebe, und eine an sozialen Werten ausgerichtete Politik altmodisch sei. Die Menschen brauchen wieder eine Perspektive der Verbesserung der allgemeinen Lebensverhältnisse. Das Wort „Reformen“ muss wieder die Bedeutung bekommen, die es zu *Willy Brandts* Zeiten hatte: „Reformen müssen für die Mehrheit der Menschen zu besseren Lebensverhältnissen führen.“ Bessere Lebensverhältnisse – das muss der Maßstab für Reformen sein. Mit Politik nach diesem Maßstab sind wir auch wieder mehrheitsfähig.

Dies gilt auch in Hessen. Um in Hessen zu gewinnen, reicht es nicht, einen Wahlkampf gegen *Koch* zu machen und ihm seine schlechte, unsoziale Politik vorzuwerfen. Natürlich werden wir thematisieren, dass es eine Schande ist, ein Schloss zu kaufen und gleichzeitig Frauenhäuser zu schließen. Natürlich werden wir ihm vorhalten, dass er der größte Vernichter von Arbeitsplätzen im öffentlichen Dienst ist. Wir werden ihm zeigen, dass er Familienpolitik nicht ernst nimmt, weil er die Arbeitszeit auf 42 Stunden erhöht. Wir werden den Menschen selbstverständlich sagen, dass es ein Skandal ist neue Atomkraftwerke in Aussicht zu stellen, ohne dass es ein Endlager auch nur für den heutigen giftigen Müll gibt!

All das werden wir ihm und den Wählerinnen und Wählern sagen. Aber das allein wird nicht für eine Mehrheit bei den Wahlen reichen. Diese bittere Erfahrung haben wir doch vor vier Jahren gemacht.

Um auf lange Sicht mehrheitsfähig zu sein, reicht es nämlich nicht, nur zu sagen was falsch läuft. Man muss auch deutlich zeigen, in welcher Richtung es besser gehen wird. Man muss Orientierung geben und Vertrauen wecken, dass man den Weg auch schafft. Was wir dazu brauchen, sind klare und neue Konzepte. Und für neue Konzepte braucht man manchmal Mut, und wir haben den Mut.

- Dazu gehört es, politische Konzepte zu vertreten, die nicht künstlich und nach Ressortdenken voneinander abgeschottet sind.
- Wir brauchen Politikkonzepte, die sich aufeinander beziehen und die sich aufeinander verlassen können.

Dazu will ich euch zwei Beispiele nennen.

Das eine Beispiel betrifft die auf einander bezogene Bildungs- und Familienpolitik. Das andere ist eine integrierte Wirtschafts-, Energie- und Arbeitsmarktpolitik.

Zum ersten Beispiel: *Wir brauchen eine integrierte Familien- und Bildungspolitik!*

Wer – wie diese Landesregierung – meint, man macht Bildungspolitik nur in der Schule und Familienpolitik nur für das Kinderzimmer, der hat die grundlegenden Zusammenhänge nicht verstanden! Mit Ansätzen von vorgestern lassen sich die Probleme von morgen nicht lösen!

Was meine ich damit?

Wir brauchen eine gerechte Bildungspolitik – das sind wir unseren Kindern schuldig. Nur diese führt zu kreativen freien und leistungsfähigen Menschen, nur sie macht aus unseren Kindern kritikfähige und demokratische Staatsbürger. Nicht nur als Politikerin – sondern hautnah als Mutter erlebe ich das Versagen dieser Landesregierung in der Bildungspolitik. Wir haben zu wenige Lehrer, zu volle Klassen, Schulschließungen, Auslese in der vierten Klasse: Die Vermessenheit, schon bei einem Kind von zehn Jahren zu beurteilen, ob es Müllmann oder Pilotin wird. Das ist nicht nur ungerecht gegenüber unseren Kindern – es ist auch ökonomisch unsinnig.

Wir, die SPD in Hessen, werden alles dafür tun, dass jedes Kind individuell gefördert wird, um seine Stärken erkennen zu können. Weil wir auf diese Fähigkeiten nicht mehr verzichten können: In Zeiten des demografischen Wandels und des zunehmenden Fachkräftemangels können wir auf kein Talent mehr verzichten! Deshalb muss der Weg zu weiterführenden Schulen immer offen bleiben – egal wie die soziale Herkunft ist, wie dick der Geldbeutel der Eltern ist oder ob diese bei den Hausaufgaben helfen können. Dazu gehört die frühkindliche Erziehung und dazu gehören echte Ganztagsschulen.

Das ist gemeint mit einer Integrierten Bildungs- und Familienpolitik. Müttern und Vätern, die Beruf und Familie vereinbaren wollen, ist es wichtig, dass ihre Kinder nicht nur untergebracht werden. Wenn sie berufstätig sind, wollen sie mit einem guten Gefühl die Kinder in den Kindergarten und die Ganztagsschule schicken. Sie wollen kein schlechtes Gewissen, sich die ganze Zeit fragen: „Wer kümmert sich um meine Kinder?" Sie wollen nicht das Rabenmutter-Problem haben. Sie wollen Qualität in diesen Einrichtungen, und das dürfen sie auch erwarten. Mehr Betreuungsplätze für unter Zweijährige, Kindertagesstätte mit frühkindlichem Bildungsangebot, Ganztagsschule mit pädagogischem Angebot, langes gemeinsames Lernen, um alle Kinder mitzunehmen, Durchlässigkeit des Bildungssystems und der bestmögliche Abschluss für jedes Kind.

Die Kinder in den Mittelpunkt stellen und die Bedürfnisse der Eltern dabei ernst nehmen, das muss zusammengehören.

Ich komme zum zweiten Beispiel: *Integrierte Wirtschafts-, Umwelt- und Sozialpolitik*

„Wirtschaftspolitik ist für die Wirtschaft da" erklärte einmal der letzte FDP-Wirtschaftsminister. *Koch* und die CDU würden das sofort unterschreiben. Als „Wirtschaft" verstehen CDU und FDP die Unternehmen und ihre Verbände – und bei „Unternehmen" sehen sie immer nur die Eigentümer und Spitzenmanager. Diese Sicht ist verengt und führt zu einer einseitigen und falschen Politik. Denn zur Wirtschaft gehören genauso die vielen Arbeitnehmer, die Betriebsräte und ihre Gewerkschaften. Dazu gehören die öffentlichen Dienstleistungen und Infrastrukturen und die natürliche Umwelt, aus der die Ressourcen kommen. Wirtschaft sind wir alle. Der Sinn von Wirtschaft ist es, die Lebensbedingungen der Menschen zu verbessern. Wirtschaft ist für die Menschen da, und nicht umgekehrt.

Dies sind die wesentlichen und richtigen Gegensätze, zwischen denen man sich heute entscheiden muss. Es stimmt eben nicht, dass es keinen Unterschied zwischen sozialdemokratischer oder neoliberaler Wirtschaftspolitik geben könne, sondern nur einen zwischen moderner oder unmoderner Wirtschaftspolitik. Wir haben gesehen, wohin das führt. Es gibt eben doch einen wesentlichen Unterschied in der Wirtschaftsordnung zwischen sozial und unsozial, zwischen ökologisch und umweltschädlich und zwischen nachhaltig und kurzfristig. Unsoziales und umweltschädliches Wirtschaften ist inhuman und kurzsichtig. Hier müssen wir zeigen, wo wir stehen, nämlich auf der Seite der lohnabhängig Beschäftigten, also der Mehrheit der Menschen.

Die Zukunft kann nicht darin liegen,

- dass es immer mehr Konzerne gibt, die keinem Gemeinwohl mehr verpflichtet werden können,
- dass immer mehr Beschäftigte für Billiglöhne arbeiten

- dass solche Konzerne die soziale Marktwirtschaft zu einer privaten Monopolwirtschaft verstümmeln,
- dass wichtige Entscheidungen für unsere Entwicklung immer mehr in der Hand anonymer Aktionäre liegen; denen es ausschließlich um kurzfristige Rendite geht,
- dass deren Manager das Schicksal ihrer Arbeitnehmer gleichgültig ist,
- und dass sie die Ressourcen ohne Rücksicht auf Umwelt und Gesundheitsschäden und die nächsten Generationen ausbeuten. Das ruiniert Gesellschaft, Natur und sogar die Wirtschaft selbst.

Mein Verständnis von Wirtschaft ist das nicht, und es darf auch nie eines der SPD werden. Wir brauchen eine Wirtschaft,
- die den Menschen Löhne zahlt, von denen sie leben können,
- in der Mitbestimmung und Arbeitnehmerrechte sichergestellt sind,
- die den Mittelstand und die Regionen fördert und stabilisiert, statt allein auf Globalisierung zu setzen,
- die die Kommunen in ihrer Finanzausstattung stärkt, damit sie mit ihrer Infrastruktur nicht weiter unter Verkaufszwang stehen.

Und wir brauchen eine Wirtschaft, die in ihrer gesamten Breite ressourcen- und umweltschonend wird. Und das will ich ganz konkret beschreiben.

Schon jetzt liegt in Deutschland das jährliche Investitionsvolumen für erneuerbare Energien bei über zehn Milliarden Euro im Jahr. Aber an uns in Hessen geht diese Entwicklung weitgehend vorbei, weil die Landesregierung Standortgenehmigungen massenhaft willkürlich verweigert. *Koch* blockiert eine zukunftsträchtige Entwicklung für Hessen!

Auf meine Bitte hat *Hermann Scheer*, Träger es alternativen Nobelpreises, für den Landesvorstand eine Studie „Neue Energie für ein atomfreies Hessen" erarbeitet. Damit haben wir eine politische Arbeitsgrundlage für eine Wirtschafts-, Energie- und Umweltoffensive in Hessen, wie sie noch kein anderer Landesverband hat. *Hermann Scheer* wird auch mit mir Wahlkampf machen.

Schon gibt es den Plan für die Solarregion Nordhessen. Im Lauf von vier Jahren können in Hessen – eine mutige Förderung der erneuerbaren Energien vorausgesetzt – über 40 000 neue Arbeitsplätze entstehen. Für den Wahlkampf ist das ein Gewinnerthema. 80% der Menschen sind für den zügigen Ausbau der erneuerbaren Energien. Atomenergie und fossile Energien werden mehrheitlich von der Mehrheit als nicht zukunftstauglich abgelehnt. Erneuerbare Energien sind das größte denkbare Mittelstandförderungsprogramm Sie bringen Wertschöpfung in die Regionen und eine neue Chance in die Landwirtschaft. Sie sind eine große neue Aufgabe für die kommunalen Stadtwerke.

Dagegen stellen sich nur die Energiekonzerne, die sich gegen den Strukturwandel zu erneuerbaren Energien sperren und sich dabei auf politische Schutzpatrone wie Herrn *Koch* stützen. Dies ist rückwärtsgerichtet und falsch. Es geht nicht nur um Arbeitsplätze und Umwelt. Es geht tatsächlich um die Zukunft kommender Generationen. Erneuerbare Energien sind gesellschaftliche Zukunftssicherung.

Liebe Genossinnen und Genossen, das waren zwei Beispiele, wie wir in Hessen Besseres für die Menschen erreichen können. Keine Utopien, sondern konkrete Ansatzpunkte; keine marginalen Kleinigkeiten, sondern eine grundlegend andere Richtung. Das ist die Richtung, in die ich Euch führen will.

Ich will mit Euch gemeinsam dieses Land so gestalten, dass es für die Eltern, für die Kinder, für die Arbeitnehmer und für die Mittelständler in Hessen wieder besser wird.

Aber was ist unser Problem? Unser Problem ist die wachsende Wahlmüdigkeit. Wir schaffen es nicht mehr gleichzeitig unsere Stammwähler und die aufgeklärte Mittelschicht für uns zu mobilisieren. Wir sind Teil einer sich ausbreitenden Parteien- und Politikverdrossenheit.

Was ist die Ursache dafür? Für mich ist der Kern dieses Problems ganz offensichtlich: Die Ursache liegt in erster Linie darin, dass immer mehr Menschen die Parteien als nicht mehr unterscheidbar und somit als austauschbar wahrnehmen. Menschen können Politiker nicht mehr unterscheiden und sie haben kein Vertrauen mehr, dass es wirklich besser wird. Dies müssen wir ändern. Damit die Menschen wieder wählen gehen, müssen sie die Unterschiede zwischen den Parteien und ihren Politikern erkennen. Dies gelingt nur mit einer klar erkennbaren Kontur und einer Zuspitzung der sich gegenüber stehenden Positionen. Es gilt vor allem, den Kontrast zwischen uns und dem Hauptgegner, der *Koch*-CDU, herauszustellen:

- Die Mehrheit der Menschen will Steuergerechtigkeit, *so wie wir*. Sie wollen nicht, dass man die kleinen Steuersünder bestraft und die Einkommensmillionäre laufen lässt – *so wie es die Koch-Regierung tut*.

- Die Mehrheit der Menschen will gleiche Bildungschancen für jedes Kind, *so wie wir*. Sie wollen keine Bildungspolitik erster und zweiter Klasse – *so wie Kochs CDU sie betreibt.*

- Die Mehrheit der Menschen will erneuerbare Energien statt Atomkraft und fossile Energien, *so wie wir*. Sie wollen keine neuen Atomkraftwerke mit ihren Risiken und 100 000 Jahre strahlenden Atommüll – *so wie Koch.*

- Die große Mehrheit der Menschen will eine Reform des Sozialstaates, um ihn erhalten zu können, *so wie wir*. Sie wollen keine Privatisierung von Lebensrisiken – *so wie Roland Koch.*

- Die Mehrheit der Menschen will, dass Bildung, Gesundheit, Sparkassen, Verkehr, Wasser und Strom in öffentlicher Hand bleiben – *so wie wir es wollen!* Die Menschen wollen keinen Ausverkauf durch Privatisierung, *so wie Koch ihn betreibt.*

Diese Mehrheiten existieren schon heute. Wir müssen diese Mehrheiten aber auch zur Wahlurne bringen und in Stimmen für die SPD umsetzen.

Wie kann das gehen? Ich will es Euch sagen: Wir müssen wieder klare Kante zeigen. Wir brauchen Profil und wir brauchen den Mut zur Zuspitzung.

Wir haben bei der Landtagswahl eine Chance, wenn es gelingt, das Potenzial der SPD voll auszuschöpfen. Ich weiß, dass wir nicht nur mit unseren Stammwählern die Wahl gewinnen können. Aber ohne Stammwähler verliert man Wahlen. Deshalb müssen wir zu allererst unsere Stammwähler motivieren, deren harter Kern unsere eigene Mitgliedschaft ist. Sie erwarten von uns eine konsequente Haltung für soziale Gerechtigkeit und Zukunftssicherung. Diese Anforderung an Politiker ist aber nicht auf unsere Stammwähler begrenzt. Sie reicht bis weit in die Mitte der Gesellschaft hinein.

Die problembewussten, aufgeklärten Wählerinnen und Wähler, die oft als Mitte bezeichnet werden, und unsere Stammwähler haben beide gemeinsame Wahlmotive wie gesellschaftliche Mitverantwortung, Frieden und Toleranz

Ich traue mir zu, unsere Stammwähler zu erreichen. Aber nicht nur die, sondern weit darüber hinaus. Auch die Frauen, die gerne eine Frau in der Spitze sehen wollen, auch die Arbeiter und Arbeiterinnen, die uns bei der letzten Wahl nicht gewählt haben, auch Teile der enttäuschten Grünwähler, die mit dem schwarz-grünen Schmusekurs nicht einverstanden sind. Warum habe ich dieses Zutrauen? Weil es diese Gruppen sind, die mich schon heute breit unterstützen.

Eine klare Alternative, mutig und neu ist es, wenn die hessische SPD mit einer Frau in den Wahlkampf geht. Seit ich meine Kandidatur angemeldet habe, sind immer wieder dieselben skeptischen Fragen gestellt worden. Ich nehme diese Fragen nicht persönlich, weil sie jeder Frau gestellt werden, die eine Führungsfunktion beansprucht. Es heißt: Kann die Frau das? Ist sie kompetent? Das haben sich die französischen Genossen vor der Nominierung ihrer Spitzenkandidatin auch gefragt. Und dann haben sie eine Frau gewählt. So mutig, wie die französischen Genossen, können die Hessen auch sein. *Segolene Royal* antwortete auf die Frage nach ihrer politischen Kompetenz „Ich verstehe etwas vom Leben, also verstehe ich auch etwas von der Politik." Sie hat Recht.

Was ist denn politische Kompetenz, Genossinnen und Genossen?
Das ist neben politischem Sachverstand auch Mut. Dass ich Mut habe zu neuen Ideen und neuen Konzepten, das habe ich mit der solidarischen Bürgerversicherung, mit dem Haus der Bildung, mit unserem Energieprogramm für Hessen bewiesen.
Politische Kompetenz ist Glaubwürdigkeit und Durchhaltevermögen. Ihr wisst, dass ich die Position, die ich heute vertrete, schon lange vertreten habe, und dass ich politische Positionen durchgehalten habe, auch wenn sie noch nicht in der gesamten Partei mehrheitsfähig waren – auch wenn mir der Wind dabei mal hart ins Gesicht geblasen hat.
Kompetenz ist Lebenserfahrung. Aus langer Berufstätigkeit weiß ich, dass man um seine Rechte als Arbeitnehmer immer wieder kämpfen muss. Ich weiß auch, was Angst um den Arbeitsplatz bedeutet. Und ich weiß, was es heißt, Politik und Familie zu vereinbaren.

Politische Kompetenz ist auch Ausdauer und der Wille zu kämpfen. Uns Sozialdemokraten ist noch nie etwas geschenkt worden. Wir mussten uns alles erkämpfen. Und erst recht diejenige, die es als Frau an die Spitze schafft, weiß, was Kampf ist.

Sozialdemokratisch sein, ist für mich Lebensüberzeugung. Deshalb bin ich Mitglied der SPD geworden. Unsere Grundwerte – Freiheit, Gerechtigkeit und Solidarität – haben eine dauernde Bedeutung für mich. Das sind keine Altertümer. Diese Grundwerte sind Grundbedürfnisse der Mehrheit der Menschen. Unsere Grundwerte entsprechen den Grundrechten unserer Verfassung, die mit dem Satz beginnt: „Die Würde des Menschen ist unantastbar." Und darin heißt es auch, Eigentum ist dem Wohle der Allgemeinheit verpflichtet. Diese Worte stehen nicht unter dem Vorbehalt, dass sie sich am Markt „rechnen" oder wettbewerbsfähig sind. Würde dies zum Gedankengut der SPD, würde unsere Partei ihren Sinn und ihren historischen Auftrag verlieren. Mehrheiten für die SPD entstehen wieder, wenn wir selbst unsere Grundwerte glaubwürdig und selbstbewusst vertreten.

Holger Börner hat 1978 in seinem ersten erfolgreichen Wahlkampf folgendes gesagt: „Hessen ist unter den deutschen Ländern ein Vorbild an innerer Liberalität, an Aufgeschlossenheit gegenüber neuen Problemen, in der Förderung des Gemeinwohls und in der Entwicklung sozialer Gerechtigkeit." *Koch* hat diese Vorbildfunktion verspielt. Unser Land wird jetzt unter Wert regiert. Als Ministerpräsidentin möchte ich an die Tradition *Holger Börners* anknüpfen.

Für ein besseres Hessen – solidarisch und zukunftsfähig. Dafür möchte ich gemeinsam mit Euch kämpfen. Mit Profil und Programm. Mit Herz und Verstand.

Die neue große Gemeinschaftsaufgabe:

Die Erneuerung der Wirtschaft durch die Wende zu erneuerbaren Energien

Forum „Neue Energie für Hessen", Wiesbaden, 2.6.2007

Die seit einigen Monaten alles überwölbende Klimadiskussion zeigt uns allen: Wir haben nicht mehr viel Zeit. Der Energiewechsel muss kommen. *Das Ziel ist die vollständige Umstellung auf Erneuerbare Energien.* Das ist die Schlüsselfrage der nächsten Jahrzehnte für Wirtschaft und Umwelt.

Die Beschleunigungsinstrumente dafür sind Energiesparen und Energieeffizienz: Je weniger atomare und fossile Energie verbraucht wird, desto schneller kann der dann tatsächlich notwendige Energiebedarf auf Erneuerbare Energien umgestellt werden.

Die *Hauptverantwortung* dabei haben die Industrieländer, weil sie die größten Energieverbraucher und damit die größten Emittenten sind – und weil sie das technologische Potential für die Verwirklichung der Energiewende haben. Dafür brauchen wir eine grundlegende neue Energiepolitik. Sie ist, bisher mehr als durch jeden anderen politischen Schritt, in Deutschland durch das Erneuerbare Energie-Gesetz im Jahr 2000 eingeleitet worden.

Es gibt keine neue Politik, ohne dass es politische Kräfte gibt, die sie realisieren: Historische Aufgabe der SPD ist, diese Kraft zu sein. Es ist beste hessische SPD-Tradition, dafür wir innerhalb SPD als treibende Kraft dahin zu wirken.

Ohne Energie geht nichts, und ohne intakte Umwelt geht auch nichts. *Willy Brandt* sagte einmal: „Frieden ist nicht alles, aber ohne Frieden ist alles nichts". Für die Energiefrage gilt: Der Wechsel zu erneuerbaren Energien ist nicht alles, aber ohne diesen Wechsel gibt es keine Zukunftsfähigkeit von Wirtschaft und Gesellschaft!

Viele denken schon angesichts der katastrophenvollen Klimawarnungen: Das Problem ist nicht mehr zu lösen. Immer mehr werden so denken, wenn die erneuerbaren Energien nur als langfristige Perspektiven gelten, obwohl wir kurzfristig und dringend den Energiewechsel realisieren müssen. Die Aufgabe der SPD ist, diese Perspektive zu zeigen und sie ohne künstlichen Aufschub und ohne falsche Rücksichten realisieren. Falsche Rücksichten auf einseitige Interessen der Energiewirtschaft sind Rücksichtslosigkeit gegenüber den Menschen und unserer aller Zukunft.

Immer wieder wird gesagt, wir könnten uns den Energiewechsel wirtschaftlich nicht leisten. Wenn wir aber so denken, was sollen dann andere denken? Machen wir Schluss mit den Ausreden und Aufschüben! Handeln wir jetzt! Das Potential der erneuerbaren Energien ist heute genau so groß wie es in ein paar Jahrzehnten der Fall sein wird. Deshalb gibt es keinen Grund, es nicht jetzt schon im vollen möglichen Umfang zu aktivieren und nicht erst später. Mut zum Handeln ist gefragt. Im Übrigen ist es ein Irrtum, dass der Energiewechsel eine wirtschaftliche Last sei: Er ist die größte wirtschaftliche Zukunftschance, nicht zuletzt für eine Industriegesellschaft, die die Anlagen zur Nutzung erneuerbarer Energien in Massenproduktion herstellt.

Wir halten am Atomenergieausstieg ohne jegliche Laufzeitverlängerung fest! Die hessische SPD war zu Zeiten der rot/grünen Landesregierung bundesweiter Wegbereiter für den 2001 beschlossenen Atomausstieg. Die Gefahren der Atomenergie sind andere als die der fossilen Energie. Aber sie sind nicht weniger groß: Allem voran die Gefahren eines Reaktorunfalls, der überall geschehen kann. Schweden, bekannt durch seine besonders hohen technischen Sicherheitsstandards bei allen Technologien, ist mit einem seiner Reaktoren im letzten Jahr nur wenige Minuten am GAU vorbeigeschrammt. Wir können auch nicht von wachsenden Terrorismusgefahren reden, aber so tun, als gäbe es die Gefahr von Anschlägen auf einen Atomreaktor nicht. Die Attentäter des 11. September hatten, wie wir mittlerweile wissen, zunächst einen Anschlag auf einen Atomreaktor geplant. Und es ist und bleibt unverantwortlich, kommenden

Generationen für zehntausende von Jahren Atommüll zu hinterlassen – und dann von Familienpolitik und Generationenverantwortung reden.

Was die Frage der Sicherheit angeht, kann ich nur sagen: Wenn die Reaktoren so sicher sind wie CDU/CSU und FDP (und allen voran Herr *Koch*) behaupten: Dann müssten sie doch mindestens in Verbindung mit ihrer Forderung, die Laufzeit der Atomreaktoren zu verlängern, die Initiative ergreifen für eine verbindliche Haftpflichtversicherung jedes einzelnen Atomreaktors in voller denkbarer Schadenshöhe. Es gäbe aber keine einzige Versicherungsgesellschaft, die diese Reaktoren versichern mit vollem Haftungsrisiko würde – und wenn, dann mit den Folgen, wie es die Prognos AG vor Jahren einmal ausgerechnet hat, dass der Preis des Atomstroms 50-mal teurer wäre als jetzt. Mit anderen Worten: Die ungeschminkte wirtschaftliche Wahrheit ist, dass die Atomenergie unbezahlbar ist.

Aber unser hessisches Energieprogramm besteht nicht nur in der Absage an die Atomenergie. In Zeiten der schon begonnenen Klimakatastrophe sind fossile Großkraftwerke nicht die Alternative, sondern allein die erneuerbaren Energien – und dies gepaart mit konsequenten Schritten zum Energiesparen und zur Steigerung der Energieeffizienz. Wir setzen auf den entschieden beschleunigten Ausbau Erneuerbarer Energien, neben der Vermeidung unnötigen Energieverbrauchs. Wenn wir nicht nur ein Problem mit praktischer Konsequenz betrachten, sondern alle Probleme atomarer und fossiler Energien im Zusammenhang sehen, dann müssen wir alles daran setzen, so schnell wie möglich atomare *und* fossile Energien durch erneuerbare Energien zu ersetzen.

Unser hessisches Programm unterscheidet sich von der aktuellen Beschlusslage auch unserer Partei auf Bundesebene darin, dass wir nicht nur den Atomausstieg ohne Wenn und Aber realisieren wollen. Wir wollen auch keine neuen fossilen Großkraftwerke mehr! Auch wenn diese effizienter sind als alte, so schreiben sie ein dann das um einige Prozente reduziertes Emissionsniveau. Aber in vier Jahrzehnten muss und kann es uns gelingen, den vollständigen Wechsel zu erneuerbaren Energien zu realisieren. Stromerzeugung aus neuen fossilen Kraftwerken halten wir nur dann noch für akzeptabel, wenn eine Wärmeauskoppelung für die Wärmeversorgung im vollen Umfang möglich ist. Das bedeutet automatisch Dezentralisierung der Produktionsstrukturen. Es bedeutet regionale Wertschöpfung durch die Verlagerung der Energieversorgung von Konzernen auf Stadtwerke und mittelständische Unternehmen. Es bedeutet die Mobilisierung neuer Techniken und damit neue industrielle und gewerbliche Arbeitsplätze. Es bedeutet Energieunabhängigkeit, was gleichbedeutend ist mit dauerhafter Versorgungssicherheit und mit einem Beitrag zur Abwendung internationaler Konflikte und Kriege um Energie.

Es bedeutet, der Jugend die Perspektive zu geben, künftig nicht in einer heillosen Umwelt leben zu müssen. Wir haben in unserem Programm gezeigt, dass das möglich ist. Und weil es möglich ist, muss es auch aufgrund der überragenden Bedeutung des Energieproblems versucht werden. Und wir haben gezeigt, dass das neben der Umweltentlastung der größte Beitrag zu neuen Arbeitsplätzen in Hessen und zur Sicherung der Zukunftsfähigkeit unserer Wirtschaft ist. Und wir haben auch gezeigt, **wie** wir das machen wollen. Daraus ist das ambitionierteste Programm für den Energiewechsel geworden, das je eine politische Partei vorgelegt hat. Manche halten das für unrealistisch. Aber es gibt nichts Unrealistischeres, als den Energiewechsel auf die lange Bank zu schieben. Was wir vorlegen, ist der **neue Realismus**, der sich an den tatsächlichen Gefahren und den gegebenen Möglichkeiten der Gefahrenüberwindung orientieren muss.

Roland Koch hat in einem Interview im „Stern“ gesagt, er sehe in der Windkraft keine Zukunft, obwohl gerade durch diese in absehbarer Zeit die größte völlig emissionsfreie Stromversorgung in größerem Umfang zu realisieren ist. Für die Solarstromerzeugung und Wasserstoff sehe er, so sagte er weiter, erst in der Mitte des Jahrhunderts eine relevant werdende Möglichkeit. Kein Wunder, dass Hessen seit 1999 zum Schlusslicht unter den Bundesländern bei der Nutzung erneuerbarer Energien geworden ist.

Was dennoch in Hessen eingeführt wurde, geht entweder auf die Leistungen der rot/grünen Koalition von vor 1999 zurück, oder auf das bundesweite Erneuerbare Energie-Gesetz, das von der Regierung *Koch* im Bundesrat abgelehnt wurde. Und es geht vorwiegend auf Initiativen sozialdemokratischer Landräte und Bürgermeister zurück, die *Kochs* aufgestellte Mauern durchbrochen haben.

Die Regierung *Koch* hat den Ausbau erneuerbarer Energien durch eine rigorose Verhinderungsplanung blockiert, um damit belegen zu können, dass auf die Atomenergie nicht verzichtet erden könnte. Seine Energiepolitik basiert auf einer Energielüge. Er will einen Sachzwang für einen Weiterbetrieb der Atomkraftwerke, in dem er die Alternative zu diesen nicht hochkommen lässt.

Sein Wirtschaftsminister *Riehl* versucht sich öffentlich zu profilieren, indem er gegen überhöhte Energiepreise vorgeht. Er tut dabei so, als sei er kritisch gegenüber den Großkonzernen der Energieversorgung eingestellt. Aber in Wahrheit schnürt er damit die Stadtwerke ein. Die Energiepolitik der Regierung *Koch* – fixiert auf Atomkraftwerke und große Kohlekraftwerke – ist nichts anderes als eine Betonierung der Konzernstrukturen und damit eine Förderung ihres anhaltenden Konzentrationsprozesses.

Wer willkürlich überhöhte Strompreise wirklich verhindern will, muss gegen Produktionsmonopole vorgehen, statt diese durch das Festhalten an Großkraftwerken zu unterstützen. Wer Produktionsmonopole überwinden will, der muss auf erneuerbare Energien und dezentrale Kraft-Wärme-Kopplung, der muss auf Stadtwerke und die mittelständische Wirtschaft setzen. Und genau das tun wir!

Davon, dass Hessen unter *der Regierung Koch* zum Schlusslicht bei erneuerbaren Energien geworden ist, versucht sie abzulenken durch ihr neu verkündetes grünes Aktionsprogramm im Bereich der Bioenergie. Sie behauptet, hier liege Hessen von. Das Gegenteil ist wahr: Das gerade erstellte wissenschaftliche Monitoring der Bundesregierung über den Bioenergie-Ausbau in Deutschland zeigt: Hessen liegt auch hier weit hinten. Hessen hat 6% des deutschen Stromverbrauchs, der Anteil Hessens an der in Deutschland installierten elektrischen Leistung aus Bioenergie liegt bei 1,7%!

Unser ambitioniertes Programm hat Punkt für Punkt belegt, dass wir mit landespolitischen Gestaltungsinitiativen bis 2013 – wenn auch Biblis B abgeschaltet sein wird – einen vollen Ersatz durch erneuerbare Energien in Hessen möglich machen können. Der Preis des Atomausstiegs muss, soll und darf nicht sein, dafür mehr CO_2-Emissionen in Kauf zu nehmen. Unser Programm macht es möglich, auch diese zu senken. Wir haben darin fünfzehn landespolitischen Maßnahmen vorgestellt. Diese zeigen konkret, *wie* wir das Programm umsetzen, wenn die Bürgerinnen und Bürger Hessens uns in die Regierungsverantwortung wählen.

An diesem Programm hat derjenige federführend mitgewirkt, der weltweit der profilierteste und anerkannteste Vorreiter für Erneuerbare Energien ist: *Hermann Scheer*, der für sein Engagement 1999 den Alternativen Nobelpreis erhielt. Seine Prognosen, was mit erneuerbaren Energien praktisch möglich ist, wurden stets als zu weitgehend oder zu optimistisch hingestellt. Aber immer dann, wenn die von ihm dafür empfohlenen politischen Schritte tatsächlich eingeleitet wurden, ist daraus in kurzer Zeit eine neue Realität geworden – so wie beim Erneuerbaren-Energie-Gesetz. Erhard Eppler hat dieses Gesetz als die wichtigste wirtschaftliche und umweltpolitische Leistung der siebenjährigen rot/grünen Koalition im Bund genannt. Es wäre ohne *Hermann Scheer* nicht zustande gekommen.

Ich will heute und hiermit öffentlich bekanntgeben, dass *Hermann Scheer* in meinem „Zukunftsteam" die Bereiche Wirtschaft und Umwelt übernehmen wird. Ich will diese Politikbereiche integrieren, weil zukunftsfähige Wirtschaftspolitik gleichzeitig Umweltpolitik sein muss und umgekehrt. Das ist die „Neue Ökonomie", die wir brauchen. Dafür ist *Hermann Scheer* die denkbar beste Wahl, mit seiner konzeptionellen Begabung, seiner vielfach bewiesenen Durchsetzungskraft und der Fähigkeit, Menschen für ambitionierte neue Ziele zu motivieren. Seine Konzepte zielen auf eine neue Ressourcenbasis als Kernelement einer neuen Industrie-, Technologie-, Landwirtschafts-, Bau- und Verkehrspolitik sowie einer künftigen kommunalen Daseinsvorsorge und regionalen Wirtschaftssicherung. Er hat in den letzten Jahren viele Regierungen und Parlamente bei der Entwicklung neuer Energieprogramme beraten – von Kalifornien bis China, von Jordanien bis Vietnam und erst jüngst im britischen Unterhaus. Uns steht er mit **Rat und Tat** zur Verfügung, worüber ich sehr froh bin.

Unser Programm ist mit landespolitischen Mitteln realisierbar. Es beansprucht den Landeshaushalt nicht. Im Gegenteil: Die Realisierung wird aufgrund der Arbeitsplatzeffekte die sozialen Transferleistungen senken und die Steuereinnahmen erhöhen. Die landespolitischen Schritte liegen in erster Linie in der Beseitigung der bürokratischen Hemmnisse gegen erneuerbare Energien. Sie erfordern neue, zukunftsweisende Raumordnungskriterien. Sie erfordern ein höheres Maß an kommunaler Mitverantwortung, auf der Basis eines höheren Maßes an kommunaler Mitbestimmung und Selbstverwaltung.

Sie erfordern eine Motivierung der Menschen und der Wirtschaftskräfte, die ihre eigenen Zukunftschancen damit ergreifen können. Sie erfordern gestalterischen Optimismus, mit dem wir gegen den Technikpessimismus der Regierung *Koch* antreten, den er ausgerechnet gegenüber erneuerbaren Energien hat – also gegenüber der tatsächlich unverzichtbaren Perspektive für uns alle. Aber nur Optimismus steckt an und motiviert die Menschen für die neue große Gemeinschaftsaufgabe: die Erneuerung unserer Energieversorgung und damit unserer Wirtschaft durch die Wende zu erneuerbare Energien. Das ist ein Grundstein für den von uns angestrebten Politikwechsel.

„Wir stehen für eine Soziale Moderne"

Wahlparteitag der hessischen SPD, Wiesbaden, 29.9.2007

Genossinnen und Genossen,
wir kommen heute in Wiesbaden zusammen um die letzte Etappe zum Ziellauf zu starten. Es gab für Sozialdemokratinnen und Sozialdemokraten schon leichtere Wahlkampfzeiten. Hessen ist keine Insel, an der die bundespolitischen Trends vorbeiwehen. Und die SPD steht auf der Bundesebene in einer Programmdiskussion, in der es gilt, den Begriff und den Inhalt dessen, was sozialdemokratisch ist, neu zu schärfen.

Mit anderen Worten: der Wahlkampf ist sicher kein Spaziergang.

Ihn erfolgreich zu führen heißt für mich: Wir werden an die beste Tradition der hessischen SPD anknüpfen – nämlich Vorreiter zu sein in der SPD, wenn es um die Zukunftsfähigkeit der Gesellschaft und die Wiedergewinnung der führenden Rolle der SPD geht. Und davor ist mir überhaupt nicht bange. Wir haben in Hessen auch in der Vergangenheit gezeigt, dass wir die richtigen Antworten auf die Herausforderungen der Zukunft haben: mit der solidarischen Bürgerversicherung und mit der frühzeitigen Debatte um den Mindestlohn haben wir auch bundespolitisch Einfluss genommen.

Wir können mit Recht stolz sein auf unsere Tradition: Hessen vorn.

Die Zeit ist reif. Die Zeit ist reif für gerechte Bildung und Chancengleichheit. Die Zeit ist reif für eine nachhaltige Wirtschafts- und Umweltpolitik auf der Grundlage einer anderen Energiepolitik. Die Zeit ist reif für eine neue Familienpolitik, die Gleichstellung und echte Wahlfreiheit ermöglicht und an jung und alt denkt. Und die Zeit ist reif für eine sozialdemokratische Ministerpräsidentin in Hessen.

Die SPD war in ihrer Geschichte immer die Partei der Menschen, die etwas leisten wollten, die hungrig auf Wissen und neugierig auf Bildung sind, weil sie von unten kamen und gleiche Chancen wollten. Sie war gerade deshalb auch die Partei, die sich um die Schwächeren kümmerte, um die Kinder, die Alleinerziehenden, die Menschen ohne Arbeit, die Kranken und die alten Menschen, die einen Anspruch auf Ruhestand in Würde haben. Und dabei muss es bleiben. Hierin, liebe Genossinnen und Genossen, liegt unsere Stärke, hier schlägt das sozialdemokratische Herz. Moderner Fortschritt ist sozial und gerecht – sonst ist es keiner.

Ich habe euch am 2. Dezember bei meiner Nominierung auf dem Parteitag in Rotenburg gesagt: Die SPD geht in die Offensive. Wir machen die Unterschiede klar, wir zeigen glaubwürdiges Profil.

Wir überwinden die Politikmüdigkeit vieler Menschen.

Heute stehen die hessische SPD und ihre Spitzenkandidatin wie versprochen auf dem Platz. Wir setzen die Themen, wir greifen an. Wir zeigen die Alternativen in der Bildung und Familienpolitik, in der Wirtschafts- und Energiepolitik. Wir führen die Debatten. Unser Programm ist konkret, mutig und machbar und – es überzeugt.

Wir haben eine Vorstellung von einem modernen und sozialen Hessen, dass gut gerüstet sein wird für die Herausforderungen der Zukunft.

Ich frage euch, für was wollen sich *Roland Koch* und die CDU wieder wählen lassen? Fürs Schuldenmachen und die Verschleuderung des öffentlichen Eigentums? Für ihren Sozialabbau? Für die verfehlte Schulpolitik von Frau *Wolff*, die selbst im eigenen Lager nur noch Kopfschütteln auslöst? Für neue Atomkraftwerke, die Herr *Koch* will, aber die niemand braucht? Für eine solche Leistung muss und wird diese Landesregierung abgewählt werden.

Genossinnen und Genossen,

wir wollen den Fortschritt wieder nach Hessen holen. Einen Fortschritt, der nicht nur einseitig auf ökonomisches Wachstum setzt, sondern der die Menschen mitnimmt, sie nicht übergeht, sondern beteiligt. Sozialdemokraten und Sozialdemokratinnen fühlen sich einem Fortschritt verpflichtet, der sozial ist, der kulturell und auch ökologisch ist. Das sind die Grundvoraussetzungen für eine Soziale Moderne, das ist soziale Gerechtigkeit als Gesellschaftskonzept. Dafür werden wir mutige Reformen brauchen. Aber Genossinnen und Genossen, ich will keine Reformen, die den Menschen Angst machen. *Willy Brandt* hat gesagt: Reformen müssen für die Mehrheit der Menschen zu besseren Lebensverhältnissen führen. Ja. Genau darum geht es mir. Um bessere Lebensverhältnisse für alle. Reform muss wieder ein positiver, ein zukunftsweisender Begriff werden. Dafür wollen wir nicht nur einen Regierungswechsel. Wir wollen einen Politikwechsel.

Die Zeit ist reif für eine soziale und gerechte Bildungspolitik! Wir haben in den vergangenen acht Jahren der CDU-Regierung erleben müssen, was *Roland Koch* und Frau *Wolff*, in diesem zentralen Feld der Gesellschaftspolitik angerichtet haben.

Sie haben wirklich ernst gemacht mit der sozialen Auslese, mit völlig übersteigertem Leistungsdruck, mit einer verkürzten Schulzeit, die Kinder und Eltern unter einen nicht tragbaren Druck gesetzt haben. Nicht nur die Schüler, nicht nur die Lehrer, sondern auch viele Eltern, die ursprünglich Anhänger des dreigliedrigen Schulsystems waren und zum Teil deshalb auch CDU gewählt haben, sind heute nicht nur maßlos enttäuscht, sondern erschüttert über diese gescheiterte Bildungspolitik. Und als ob das nicht schon schlimm genug wäre, setzte vor einigen Monaten die Kultusministerin *Karin Wolff* noch einen drauf: Erst will sie die biblische Schöpfungsgeschichte im Biologie-Unterricht behandeln lassen! Und jetzt fühlt sie sich auch noch missverstanden. Nein. Wir haben verstanden, wir haben das begriffen. Ich empfehle Frau *Wolff* einen Besuch bei den Dinosauriern im Senkenbergmuseum oder den Fossilien aus der Grube Messel. Da kann sie etwas über Evolutionstheorie lernen. Ein Bundesland wie Hessen, mit einer großen natur- wie geisteswissenschaftlichen Tradition, kann es sich einfach nicht leisten, dass eine Kultusministerin den Rückfall ins Mittelalter zum offiziellen Lernprogramm erklärt!

Die Nerven in den Schulen liegen blank und die Schülerinnen und Schüler müssen dieses Desaster ausbaden. Ich sage nur Turbo-Abitur, G 8, Unterrichtsgarantie Plus und Schülerdatenbank. Bildungspolitik, ein solches Zukunftsthema, darf in Hessen nicht zum Experiment an den Schülern verkommen. Das ist verantwortungslos, weil man Reparaturen eben nicht bei laufendem Motor machen kann. Wir setzen dagegen unser **„Haus der Bildung"**. Und dort steht am Eingang auf großen Buchstaben: **„Kein Kind wird zurückgelassen"**. So einfach und klar ist unser Leitsatz in der Bildungspolitik.

Kein Kind wird zurückgelassen!!!

Jedes Kind, egal welcher Herkunft, muss sich in hessischen Schulen aufgehoben fühlen. Jedes Kind wird individuell gefördert. Das System ist so durchlässig, dass jedem Kind möglichst lange der beste Abschluss offen gelassen wird. Wir wollen alle Talente aller Kinder entdecken und dann fördern. Gerade weil nicht jedes Kind gleich begabt ist, wollen wir Chancengleichheit. Das ist sozial, das ist gerecht, und das sind wir unseren Kindern und den Eltern schuldig. Das Haus der Bildung ist auch eine Konsequenz daraus, dass wir früher nicht alles richtig gemacht haben. Diesmal gilt: Wir machen das richtig und wir werden dafür das notwendige Geld in die Hand nehmen. Weil es sich dieses Land auch gar nicht mehr leisten kann, Bildung nicht zu finanzieren. Investitionen in die Bildung sind langfristig die beste Haushaltskonsolidierung. Wir fangen mit der frühkindlichen Bildung an und wir verbessern den Übergang in die Grundschule. Die Kinder sollen bis zur 10. Klasse gemeinsam lernen. Und das sollen sie vor allem in echten Ganztagsschulen mit einem pädagogischem Anspruch und Konzept. Die CDU redet jetzt immer von „Zwangseinheitsschule". Genossinnen und Genossen, wir können der CDU nicht helfen, da müssen Psychologen ran, wenn die CDU „Zwangsvorstellungen" hat. Zwang und Einheit passen nicht zu einer aufgeklärten Bildung. Und deshalb sagen wir klipp und klar: **Ja** zu einer Vielfältigen Schule. Wir sagen **Ja** zur Vielfalt der Begabungen. **Ja** zu allen Talenten der Kinder.

Vor allem sagen wir **Ja** zu einer Vielfalt der kleinen Persönlichkeiten.

Wir wollen ihnen die Zeit und den Raum geben, den sie für ihre Entwicklung brauchen. Das ist das Gegenteil von Zwang und Druck. Dafür versprechen wir echte Ganztagsschulen, echte Lehrer, kleinere Klassen und weniger Schulstress. Aber vor allem individuelle Förderung. Bei uns steht das Kind im Mittelpunkt. Bei uns sollen Kinder nicht mit Sitzen bleiben bestraft werden. Und wir werden Eltern und Kinder mit der Abschaffung der verkürzten Gymnasialzeit entlasten. Unser **Haus der Bildung** wird von unten her gebaut.

Wir wissen, dass Schulgemeinden und Schulträger, Eltern und Lehrer dieses Angebot annehmen werden, die modernsten und zukunftsfähigsten Schulen in Deutschland zu bekommen.

Eine grundlegende Reform des Schulsystems kann sich nicht auf staatlichen Zwang gründen. Sie muss auf Zustimmung der Beteiligten aufbauen. Sie muss „gewollt" sein.

Wer von Bildung spricht, spricht von der Pisa-Studie, und d.h. von Finnland, dem Bildungschampion. Auch wir in Hessen können vom erfolgreichsten europäischen Bildungsweg profitieren. Ich habe mit *Rainer Domisch* für mein Zukunftsteam einen Experten gewonnen mit internationalem Ruf. Er ist anerkannter Praktiker aus dem Land Nummer in der Bildungspolitik. Er kennt sich aus mit Schule und mit Kindern. Aber er kennt sich nicht aus im Schulkampf. Das muss er auch nicht. Wir führen keinen Schulkampf.

Wir **überzeugen** die Eltern, die Lehrer und die Schulträger. Gemeinsam werden wir Hessen an die Spitze führen, denn er hat in Finnland schon gezeigt, wie es geht. Ich freue mich auf die Zusammenarbeit, Rainer, herzlich Willkommen in Hessen!

Genossinnen und Genossen,

Bildung muss frei sein. Ich werde als Ministerpräsidentin die unsozialen Studiengebühren in den ersten 100 Tagen wieder abschaffen und den freien Zugang zur Bildung sichern! Herr *Koch* spielt neuerdings akademische und praktische Berufsausbildungen gegeneinander aus. Der Vorwurf, für die SPD zähle nur die akademische Ausbildung, ist infam. Das Problem ist, dass die CDU vielen Kindern höhere Abschlüsse vorenthält. Sie vernichtet Bildungschancen, weil nicht genug Förderung und Durchlässigkeit gewährleistet werden. Sie folgt altem Standesdenken, in dem die früher so genannten „gebildeten Schichten" schön unter sich bleiben sollen. Das ist soziale Ungerechtigkeit in der Praxis. Auch hier hat die hessische CDU nichts dazu gelernt. Denn die aktuelle OECD Studie belegt, dass andere Wirtschaftsnationen 40% mehr Studenten ausbilden als im Jahre 1995. Bei uns sind es gerade mal 5%.

Wir haben nicht genug Ingenieure. Die Innovationsfähigkeit und Zukunftsfähigkeit deutscher Unternehmen ist dadurch gefährdet. Wir liegen beim Anteil der Hochschulabsolventen weit hinter dem Durchschnitt auf Platz 24. Vor uns Tschechien und direkt hinter uns die Slowenen. Eine sozialdemokratische Landesregierung hat andere Maßstäbe und die heißen: Hessen vorn. Richtig ist auch, dass es zu viele Jugendliche ohne Ausbildung gibt. Auch das ist nicht hinnehmbar. Wir dürfen nicht verantworten Jugendliche ohne Perspektive in ihre Zukunft zu entlassen. Ich will und da bin ich mit dem DGB einig, die Überschüsse in der Bundesanstalt für Arbeit, für die Überbetriebliche Ausbildung der Kinder einsetzen. Wir brauchen ein Programm für die so genannten Altbewerber. Die Unternehmen wären bereit dazu. Es braucht an dieser Stelle auch einmal eine mutige Entscheidung in Berlin.

Genossinnen und Genossen,

wenn wir von Kindern reden, dann müssen wir die ganze Familie in den Blick nehmen. Ich will eine integrierte Bildungs- und Familienpolitik. Müttern und Vätern, die Beruf und Familie vereinbaren wollen und müssen, sollen im sozialdemokratisch regierten Hessen ohne schlechtes Gewissen ihre Kinder in den Kindergarten und in die Ganztagsschule schicken können. Unsere Bildungs- und Familienpolitik ist Sozialpolitik.

Dazu gehört auch eine gesicherte Existenz. Wir werden für den Mindestlohn kämpfen. Ein Stundenlohn von 3 Euro 50 ist schlicht sittenwidrig. Sechs Millionen Menschen sind in Deutschland Niedriglohnempfänger. Fünfhunderttausend Vollzeiterwerbstätige erhalten noch zusätzliche staatliche Leistungen. Das ist staatliche Subvention von Lohndumping. Angenommen *Josef Ackermann* würde 40 Stunden die Woche arbeiten, dann wäre sein Stundenlohn: 5 766 Euro. 5 766 Euro pro Stunde, das muss man sich mal auf der Zunge zergehen lassen. Viele wären glücklich sie hätten 5 Euro 76.

Wer den ganzen Tag arbeitet und schuftet muss davon leben können.

Alles andere ist unanständig.

Dann spreche ich auch von Kinderarmut. Es darf nicht sein, dass in einem so reichen Land, Kinder vom Schulessen abgemeldet werden, keine gute Ausstattung für die Schule haben, nicht an Kultur teilhaben können. Hier muss Hartz IV nachgebessert werden. Eine Sozialdemokratin im Bundesrat wäre hier ein großer Schritt in die richtige Richtung.

Und ältere Menschen werden immer jünger – und ihr wisst wie ich das meine. Wir wollen und wir können auf sie nicht verzichten: Weder auf ihre Erfahrung, noch auf ihr Engagement. Wir wollen helfen und unterstützen, wo Landespolitik das leisten kann. Zum Beispiel bei den verschiedensten Mehrgenerationenprojekten, die gewinnbringend für Alt und Jung sind. Wir machen keine großen Kongresse kurz vor der Wahl, bei denen ältere Menschen aus dem ganzen Land anreisen um uns zuzuhören. Wir werden nach den Wahlen die HGO dahingehend ändern, dass Seniorinnen und Senioren in Beiräten das Recht erhalten gehört zu werden, wenn sie es für richtig halten. Und wenn die älteren dann Pflege brauchen, muss ihnen diese menschenwürdig zur Verfügung stehen.

Wir werden hier in Hessen ein Pflegemodell einführen, das der Würde des Alters entspricht. Wir wollen die belohnen, die ihre Angehörigen aufopferungsvoll pflegen, wir wollen Heime regelmäßig kontrollieren, und diejenigen fördern, die die geforderten Standards zu 100% erfüllen. Das ist bei vielen nicht der Fall. Ich habe mit Pflegekräften gesprochen. Sie fühlen sich durch die seit Wochen dauernde Diskussion und Kritik verunglimpft. Ich kann das verstehen. Es darf eben nicht sein, dass gute Pflege bestraft und schlechte belohnt wird. Es verstößt aber gegen die Menschenwürde wenn man alten Menschen die auf Pflege angewiesen sind, vernachlässigt. Daran muss sich eine humane Gesellschaft messen lassen: am Umgang mit den Schwächsten.

Genossinnen und Genossen,

und wenn ich von einer humanen Gesellschaft spreche, dann meine ich auch: Die Zeit ist reif für eine ökologische Wirtschaftspolitik und eine soziale Umweltpolitik. Sie ist reif für die Überwindung unsinnig gewordenen Gegensatzes Ökologie und Ökonomie und zwischen sozialen und wirtschaftlichen Zielen. Diese Erkenntnis ist an *Koch* und seiner Regierung komplett vorbei gegangen.

Lang ist die Liste seiner Großtaten:

- Die Weigerung einen gesetzlichen Mindestlohn endlich so einzuführen, dass Menschen die voll erwerbstätig sind von ihrem Lohn auch menschenwürdig leben können.
- Die Orientierung auf industrielle Großprojekte und die Vernachlässigung des Mittelstandes.
- Die Gängelung der Kommunen mit der Einschränkung ihrer wirtschaftlichen Betätigung.
- Vor allem die völlig abwegige Orientierung in der Energiepolitik auf Atom und Kohlekraftwerke.

Das ließe sich so fortsetzen. Mit *Roland Koch* und dem Neoliberalismus und seinem Energiekonservatismus in die Sackgasse. Die hessische Landesregierung unter Führung der CDU hat nicht nur wirtschaftspolitisch den Weg in die Zukunft verpasst. Sie muss heute zur Kenntnis nehmen, dass eines der wirtschaftsstärksten Bundesländer ohne Not zurück gefallen ist. Hätte vor zehn Jahren ein Ministerpräsident aus Rheinland-Pfalz behauptet, dass sein Bundesland in Wirtschafts- und Bildungsfragen vor dem Land von *Georg August Zinn*, *Holger Börner* und *Hans Eichel* stehen würde, hätte man ihn für verrückt erklärt.

Heute ist das Realität und es zeigt: Es gibt sehr wohl in der Wirtschafts- und Sozialpolitik zwischen christdemokratischer und sozialdemokratischer Führung erhebliche Unterschiede. Die hessische SPD bekennt sich zu einer neuen Sicht der Wirtschaft. Dazu gehört umweltverträgliches Wachstum. Unternehmen müssen Gewinne machen, aber auch Verantwortung für das Gemeinwohl übernehmen Das heißt: gute Arbeit für alle und **Gerechtigkeit in der Verteilung des erarbeiteten Reichtums.** Unser Programm zeigt einen ganzheitlichen Blick auf die Wirtschaft. Denn zur Wirtschaft gehören auch die Beschäftigten, die Betriebsräte und Gewerkschaften. Dazu gehören auch die öffentlichen Dienstleistungen, die Infrastruktur und die Umwelt, aus der die Ressourcen kommen.

Wirtschaften im Sinne des Allgemeinwohls muss alle umfassen. Es kann doch nicht sein, dass Manager und Bankvorstände Millionen Euro Abfindung kassieren, obwohl sie dem Unternehmen und den Beschäftigten stark geschadet haben. Sie stehen für nichts ein, sie tragen keine Verantwortung, sie gehen mit goldenem Handschlag. Das sind sittenwidrige Verhältnisse. Das hat nichts, aber auch gar nichts mit der Verpflichtung zum Allgemeinwohl zu tun, und mit Gerechtigkeit schon gar nicht. Wirtschaftpolitik muss für Wachstum sorgen. Wachstum und Wohlstand für alle. Ohne dass wir Natur und Umwelt dabei opfern.

Ein gutes Beispiel dafür ist der Flughafenausbau, den wir wollen. Der aber nur genehmigt werden darf, wenn es ein Nachtflugverbot gibt. Wir wackeln auch in dieser Frage nicht. Ausbau und Nachtflugverbot gehören zusammen.

Eine sozial moderne Wirtschaftpolitik setzt auf nachhaltiges Wachstum und auf die Entwicklung neuer Technologien. Sie setzt auf Forschung und Technologietransfer von den Universitäten in den Mittelstand das Handwerk. Sie setzt auf Investitionen der öffentlichen Hand, auf eine Förderung gerade kleiner und mittelständischer Unternehmen und den Erhalt unserer Sparkassen, die unverzichtbarer Partner des Mittelstandes sind. Hessen braucht keine Hessen-Agentur als Werbeabteilung der Staatskanzlei, sondern Beratung und Förderung kleiner Unternehmen aus einer Hand. Wir setzen auf gute Arbeitsbedingungen, auf faire Löhne, auf die Beteiligung der Arbeitnehmer am Produktivvermögen, die aber die Arbeitnehmer vor Pleite und Insolvenz schützt. Und wir setzen weiterhin auf die Mitbestimmung. Vor allem aber setzt eine sozialdemokratische Regierung auf Arbeitsplätze und eine gute Ausbildung.

An dieser Stelle wende ich mich an die Beschäftigten des Landes. Für uns gilt immer noch, dass die öffentlichen Arbeitgeber beim Umgang mit ihren Mitarbeitern eine Vorbildfunktion haben. Ein Tarifdiktat, das wir für die freie Wirtschaft ablehnen, kann es auch für die Tarifbeschäftigten des Landes nicht geben.

Roland Koch trägt zu Recht den Titel größter Arbeitsplatzvernichter. Er hat die Rechte der Personalvertretungen und der Frauenbeauftragten gekappt. Er steht wie kein zweiter für eine Politik nach Gutsherrenart. Auch damit muss Schluss sein. Ich werde in die Tarifgemeinschaft der Länder zurückkehren. Und die Arbeitszeitverlängerung für Beamtinnen und Beamte wird korrigiert – Schritt für Schritt, aber mit dem klaren Ziel unseren Polizistinnen und Polizisten unseren Lehrerinnen und Lehrern und alle anderen von diesem unfreiwilligen Sonderopfer zu befreien. Frauenpolitik, die für uns mehr ist als ein Anhängsel an die Familienpolitik, wird bei mir ein Cheffinnen-Thema mit einer Stabsstelle in der Staatskanzlei. Auch hier steht das Land als öffentlicher Arbeitgeber in besonderer Verantwortung.

Genossen und Genossinnen,

ich habe im Sommer drei Wochen für unser Ziel „Neue Energie für Hessen" eine Sommerreise gemacht. Zusammen mit den Jusos, der AG 60+. Viele von euch aus den Unterbezirken waren dabei.

Diese Reise hat nachdrücklich bestätigt, wie zielführend der von uns verfolgte Wechsel zu erneuerbaren Energien ist. Dieses Konzept ist viel mehr als nur Energiepolitik. Es ist Grundlage und Motor für eine wirtschaftliche Erneuerung Hessens. Wir werden damit die Wertschöpfung in die hessischen Regionen und ihre Kommunen holen und stärken die Kommunen damit. Wir setzen uns damit an die Spitze des technologischen Fortschritts für eine Soziale Moderne.

- Wir eröffnen der Landwirtschaft neue Einnahmequellen und machen sie mittelfristig unabhängig von Subventionen.
- Wir schaffen zehntausende neue nachhaltige Arbeitsplätze.
- Wir bringen dem Mittelstand und dem Handwerk neue Aufträge.
- Wir geben unserem Land dauerhafte Energiesicherheit.
- Wir bekämpfen den Klimawandel.

Das ist ökonomisch zukunftssichernd, ökologisch nachhaltig und es ist sozial. So muss sozialdemokratische Wirtschaftspolitik sein!

Es ist mir gelungen, mit *Hermann Scheer* den dafür internationalen glaubwürdigsten Vorkämpfer für mein Zukunftsteam zu gewinnen. Er ist ein „praktischer Visionär", wie *Johannes Rau* sagte und er hat weltweit viele Regierungen beraten. *Hermann Scheer* steht uns aber nicht nur mit seinem Rat zur Verfügung. Er hat sich bereiterklärt, ein neu geschaffenes Ministerium für Wirtschaft, Umwelt und Energie in einer von mir geführten Landesregierung zu übernehmen und ich danke ihm dafür.

Auf meiner Sommerreise habe ich erlebt, dass viele Menschen schon viel weiter sind als die Politik. Immer mehr Bürgerinnern und Bürger erkennen, dass die rückwärts gewandte Energiepolitik der CDU nur den großen Energiekonzernen dient. Das ist nicht nur ökologisch hoch riskant, sondern volkswirtschaftlich völlig kontraproduktiv. Hessen ist heute Schlusslicht in Deutschland in der Einführung erneuerbarer Energien. Statt die umfassende Chance, die uns diese Energiequellen und Technologien eröffnen, zu ergreifen, denunziert sie diese in unsäglicher weise. Damit hat sich *Koch* auch meilenweit von den Positionen seiner eigenen Partei entfernt. In Sachsen-Anhalt sind bereits 36% der Stormversorgung aus Windkraft, in Hessen 1,8%. Ein altes chinesisches Sprichwort sagt: „Wenn der Wind des Wandels weht, bauen die einen Mauern und die andren Windmühlen."

Roland Koch leugnet die Gefahren der Atomenergie. Stattdessen will er die Menschen vor Windrädern schützen. *Roland Koch* **als Don Quijote**. Er ist der Ritter der traurigen Gestalt, der gegen Windmühlen kämpft. Wer nach den Störfällen in Krümmel und Brunsbüttel, aber auch im schwedischen Forsmark, immer noch an dieser museumsreifen Technologie festhält, hat von der Zukunft nichts verstanden und hat den Schuss nicht gehört.

Deshalb wage ich die Prognose, Genossinnen und Genossen: In 20 Jahren werden diejenigen, die in Hessen leben und die nach Hessen kommen, um sich die immer wieder erneuerten Windkraftanlagen anzusehen, zu dem Ergebnis kommen, dass dies die Energiewälder des 21. Jahrhunderts sind. Das sind die Bäume, die in den Himmel wachsen.

Wer über Energie spricht, meint Wasser, Strom, Gas, aber auch Mobilität. Und da sage ich ganz klar: Die öffentliche Daseinsvorsorge gehört in die Öffentliche Hand und darf nicht privaten Investoren überlassen werden. Denn öffentliche Unternehmen sind auch Arbeitsplätze, Genossinnen und Genossen. Und Privatisierung heißt Arbeitsplatzabbau. Ich möchte diese Arbeitsplätze erhalten. Auch Kommunen können und müssen Unternehmen wirtschaftlich führen, aber sie müssen eben keine so hohe Rendite herausschlagen wie ein privater Investor. Hier werden wir klare Kante zeigen. Die Deutsche Bahn, der ÖPNV, die Stadtwerke, aber auch Krankenhäuser sind keine Spekulationsobjekte. Sie gehören den Bürgern und dürfen nicht ohne Not an Konzerne verscherbelt werden. Hier hat Profit auch seine Grenzen.

Wir Sozialdemokraten treten entschieden ein für Innere Sicherheit. Was wir aber jetzt vom Verteidigungsminister (und engsten Schwarzgeld-Freund von *Roland Koch) Franz Josef Jung* hören, macht fassungslos. Das Bundesverfassungsgericht hat dem Gesetzgeber verboten Menschenleben gegen Menschenleben aufzurechnen und damit den Abschuss eines Passagierjets ausgeschlossen. Wir erwarten, dass der Bundesverteidigungsminister das respektiert oder Frau *Merkel* ihm die Papiere aushändigt. Was *Schäuble* und *Jung* machen, ist aber kein Zufall, sondern Strategie. Der eine will Bundeswehreinsätze im Inneren legitimieren. Dazu bleibt es bei unserer bekannten Position: Die Bundeswehr ist keine Ersatzpolizei. Der andere will seinem hessischen CDU-Landesverband im Wahlkampf helfen und von der miesen Stimmung bei Hessens Polizei ablenken, die unter Personalnot ächzt und stöhnt. Nicht neue Gesetze schaffen mehr Sicherheit, sondern motivierte, gut ausgestattete und gut ausgebildete Polizistinnen und Polizisten. Polizeiarbeit ist eine Aufgabe für Profis und nicht für Amateure.

Für uns bleibt Innere Sicherheit ein Thema, bei dem es viel Augenmaß braucht. Natürlich muss bestraft werden können, wer sich in einem Terrorlager zum Attentäter ausbilden lässt. Auf der anderen Seite dürfen aber auch die Freiheitsrechte nicht durch unverhältnismäßige Eingriffe eingeschränkt werden. Wir Sozialdemokraten nehmen für uns in Anspruch, dass wir das genau abwägen. Wir wollen mehr Sicherheit, die CDU will den Überwachungsstaat.

Genossinnen und Genossen: ein Wort zu den neuen Bewerbern im Wahlkampf: Wir werden uns hart aber fair mit den politischen Gegenspielern auseinandersetzen. Zur so genannten Linken sage ich aber: Wer Mauer, Stacheldraht und Schießbefehl als Betriebsunfall des real existierenden Sozialismus beschreibt, der ist für uns kein Gesprächspartner. Und von dem lassen wir uns auch nicht über Friedenspolitik belehren.

Und wer wie die so genannte Linke in Dresden den Wohnungsbau an Heuschrecken verkauft, von dem lassen wir uns nichts über soziale Gerechtigkeit erzählen.

Wir hessischen Sozialdemokraten sind die Partei der **Sozialen Moderne.** Das muss unser Markenzeichen sein. Das bedeutet wir bauen auf den sozialen Errungenschaften auf, die Generationen von Sozialdemokraten erkämpft haben und entwickeln sie unter veränderten Bedingungen weiter. Wir nehmen die neuen Gestaltungsanforderungen der Globalisierung an:

- Wir stehen für eine Soziale Moderne, die nicht in Gewinner und Verlierer spaltet sondern den gesellschaftlichen Reichtum gerecht verteilt.
- Eine Soziale Moderne, die Wissen und Bildung nicht nur für Eliten, sondern für alle ermöglicht, und zwar vom Kindergarten über die Schule bis zu Ausbildungsplätzen und den Universitäten.
- Für eine Soziale Moderne, die Gerechtigkeit als andauernde Aufgabe begreift, vom Mindestlohn bis zur Gleichstellung der Geschlechter.
- Für eine Soziale Moderne, die die Ressourcen nicht vergeudet, sondern schont, und die nicht auf Risikotechnologien, sondern auf Nachhaltigkeit setzt.
- Für eine Soziale Moderne, die der großen Tradition der europäischen Aufklärung verpflichtet ist.

Dafür stehe ich. Dafür steht die hessische Sozialdemokratie. Dafür lohnt es sich alle Kräfte einzusetzen.

Franz Müntefering würde jetzt sagen: Partei gut, Wahlkampf gut, Oma anrufen, Freunde mitbringen, Wählen gehen. Glück auf.

Da man in Hessen auch längere Sätze sagt als im Sauerland sage ich:

Genossinnen und Genossen, wir können es nur gemeinsam schaffen. Ich will nicht nur gut abschneiden. Ich kämpfe um zu gewinnen. Ich will mit euch gemeinsam gewinnen. Und kämpfen – glaubt mir – das kann ich. Ich habe nicht 250 Pfund sozialdemokratisches Kampfgewicht wie *Holger Börner*. Ich bin zierlich, aber zäh, und da wo ich herkomme, darf Frau nicht zimperlich sein.

Lasst uns mit Selbstbewusstsein, mit Mut, mit Leidenschaft und Überzeugung in diese Auseinandersetzung gehen.

Das Datum steht fest. Das Ziel ist noch nicht erreicht, aber es ist greifbar. Lasst uns am 27. Januar 2008 um 18 Uhr gemeinsam feststellen: Die Zeit war reif. Mit uns zieht die neue Zeit! Danke und Glück auf.

Im „Weg vom Erdöl" liegt die Zukunft des Automobils

Konferenz der Friedrich-Ebert-Stiftung über die „Zukunftschancen der Automobilindustrie in Zeiten der Energiewende", Rüsselsheim, 10.11.2007

Dass diese politische Konferenz über die Zukunft der Automobilindustrie in Rüsselsheim stattfindet, hat für mich eine zweifache persönliche Bedeutung: Rüsselsheim ist nicht nur die Stadt meiner Geburt, Kindheit und Jugendzeit. Es ist auch die Opelstadt und mein Vater war klassischer stolzer Opel-Arbeiter, selbstverständlich Gewerkschaftsmitglied und ebenso selbstverständlich SPD-Wähler.

Dass ich einmal als Ministerpräsidenten-Kandidatin der SPD in Rüsselsheim zur Zukunft der Automobilindustrie und damit zu der von Opel reden würde, darauf wäre ich seinerzeit nicht einmal im Traum gekommen. Und dass es so gekommen ist, habe ich nicht zuletzt dem ausdauernden Arbeitsvorbild, der Sorgfaltsliebe und dem Verantwortungsgefühl zu verdanken, wie es uns drei Töchtern von meinen Eltern vorgelebt wurde. Ich bin froh, dass mein Vater heute hier ist und will ihn besonders begrüßen. Und ich hoffe, dass das, was ich sage, vor seinen stets gestrengen Augen besteht.

Die hessische Wirtschaftsgeschichte des 20. Jahrhunderts ist von drei Industriezweigen entscheidend geprägt worden: von der Automobil-, der Chemie- und der Anlagenbauindustrie. Diese drei Branchen sind noch heute die größten in Hessen. Zwei große Werke – das von Opel in Rüsselsheim und das von VW in Baunatal – beschäftigen 53 000 Menschen im Kernbereich der Automobilherstellung. Opel gehört zwar seit Jahrzehnten zum amerikanischen Automobilkonzern General Motors, aber es ist für den Gesamtkonzern eine unverzichtbare Entwicklungsschmiede. Insgesamt beschäftigt die hessische Automobilproduktion 170 000 Menschen, einschließlich der vielen Entwicklungs- und Zulieferbetriebe.

Dass ich also an der Zukunft der Automobilindustrie besonders interessiert bin, hat weit über meine Herkunft mit deren Bedeutung für die Wirtschaftskraft Hessens und für unsere Verantwortung für die zahlreichen Arbeitsplätze zu tun. Wir wollen und müssen diese Standorte sichern, was in den Zeiten der globalen Liberalisierung immer schwieriger geworden ist. Standorte sichern heißt dabei nicht nur, in der Produktivitätsentwicklung Schritt zu halten, sondern den Herausforderungen zu entsprechen, die auf die Automobilindustrie erwartbar zukommen.

Wo diese Herausforderung liegt, hat die Internationale Automobil-Ausstellung in Frankfurt signalisiert. Alle Automobilproduzenten haben – zwar spät, aber hoffentlich noch nicht zu spät – erkannt, dass es in Zukunft um verbrauchsarme Autos und um einen grundlegenden „Ölwechsel" gehen muss, also um Autos, die statt fossilem Kraftstoff mit erneuerbaren Energien fahren. Das ist der Grund, warum diese Konferenz „Die Zukunft der Automobilindustrie *in Zeiten der Energiewende*" heißt.

Sich auf diese nicht nur einstellen, sondern hierfür einen vorantreibenden Beitrag zu leisten, ist die Schlüsselfrage der Automobilindustrie. Wir wissen heute – und jeder merkt es an der Tankstelle: Das Erdöl als Kraftstoffressource nähert sich der Erschöpfungsgrenze. Für Erdgas gilt dasselbe. Gleichzeitig wächst der Bedarf nach Kraftstoffen, vor allem wegen der Motorisierung Chinas und dem Wachstum des Flugverkehrs. Das bedeutet: *der fossile Kraftstoff wird immer teurer und zu einem sozialen Problem ersten Ranges.* Wir wissen auch: die Klimagefahren spitzen sich ebenso zu wie die Umweltschäden durch fossile Energieemissionen, besonders in Ballungsräumen wie dem Rhein-Main-Gebiet. Das hat schwerwiegende Folgen für die Gesundheit der Menschen und die natürliche Umwelt – und damit die Lebensqualität aller.

Aus beidem ergeben sich unweigerliche Konsequenzen: Der Verbrauch fossiler Kraftstoffe muss nicht nur drastisch reduziert werden. Wir müssen auch zu Kraftstoffen kommen, die möglichst keine Umweltschäden mehr hervorrufen – und damit zum *emissionsfreien Auto.* Das ist nur mit erneuerbaren Energien möglich, aber keineswegs mit jeder erneuerbaren Energie. Die Zukunft der Automobilindustrie ist also nicht nur verbrauchsarme Automobile anzubieten, sondern solche *neuen Antriebstechniken*, die mit den für das Ziel eines emissionsfreien Automobils geeigneten erneuerbaren Energien betrieben werden können.

Wir müssen eine neue Energiewende und Technikentscheidung nach diesen Kriterien treffen. Das ist eine wirtschaftliche und eine politische Herausforderung, die nur gemeinsam bewältigt werden kann.

Die *Aufgabe der Automobilindustrie* ist die Entwicklung und die Produktion der Antriebstechniken. Die *Aufgabe der Politik* ist, die Bedingungen für die breite Markteinführung der dafür geeigneten Kraftstoffe zu schaffen. Nur so kann der *gegenwärtige Teufelskreis* verlassen werden, dass die Industrie die zukunftsfähigen Automobile nicht anbietet, weil der dafür notwendige Kraftstoff nicht überall zu kaufen ist, weshalb dann kaum einer so ein Auto fährt – und dass die zukunftsfähigen Kraftstoffe nicht überall angeboten werden, weil kaum dafür entwickelte Autos gefahren werden.

Das Problem *aller Akteure* von der Politik bis zur Wissenschaft und zur Wirtschaft ist *die Vielfalt unterschiedlicher erneuerbarer Energie* und damit auch die Vielfalt möglicher neuer Antriebstechniken.

Beschränkt man sich willkürlich auf eine erneuerbare Energie – etwa Pflanzenöl – bedeutet das eine willkürliche Beschränkung neuer Antriebstechniken; und umgekehrt gilt dasselbe. Die große Frage ist also, wie wir die Neuausrichtung des Automobil- und des Kraftstoffmarktes anschieben und trotzdem die Entwicklung offenhalten können für noch bessere als die ausgewählten Möglichkeiten.

Dass sich weder die Politik noch die Automobilindustrie dieser Frage gestellt hat, ist einer der Gründe, warum zu wenig für diese klar erkennbare Zielrichtung geschieht. Dadurch bleibt es bei der *Abhängigkeit* von der Mineralölindustrie – eine Abhängigkeit der Automobilindustrie und der Kraftfahrer, und eine der der Gesamtbevölkerung wegen der sie treffenden Klima-, Umwelt- und Preisgefahren. Es bedeutet Abhängigkeit vom Kartell der OPEC-Länder und dem der transnationalen Mineralölkonzerne, mit fließenden Übergängen zwischen beiden. Vom Ölbohrturm bis zur Tankstelle haben sie alles in der Hand. Es ist das einflussreichste Kartell der Weltwirtschaft. Es kann die Preise diktieren, was sich nicht zuletzt daran zeigt, dass die Mineralölkonzerne selbst in den Zeiten steigender Rohölpreise historische Rekordgewinne machen.

Alle davon Abhängigen haben ein gemeinsames Interesse. *Wir müssen weg vom Öl.* Dazu brauchen wir eine politische Strategie, um die sich die Regierungen bisher gedrückt haben.

Die hessische SPD stellt sich dieser Herausforderung. Wir tun es mit unserer öffentlichen Stimme, mit unserer Einflussnahme auf die bundespolitischen Entscheidungen der SPD, und mit den landespolitischen Gestaltungsmöglichkeiten, wenn uns die Wählerinnen und Wähler am 27. Januar mit der Regierungsbildung beauftragen. Unser Programm „Neue Energie für Hessen“ bezieht sich nicht nur auf den Stromwechsel zu erneuerbaren Energien, sondern auch auf den Kraftstoffwechsel.

Politische *Leitlinien* hin zum Automobil der Zukunft sind:

1. Wir brauchen eine *Reform der Kraftstoffsteuer*, die sich strikt an den Emissionsmengen der einzelnen Kraftstoffe orientiert – und zwar nicht allein den CO_2-Emissionen, sondern auch an den weiteren Emissionen. Das macht die Kraftstoffe mit niedrigen Emissionen billiger und die mit höheren teurer – und wird den Automobilmarkt beeinflussen.

2. Bei den Biokraftstoffen müssen Impulse gegeben werden, die CO_2-Bilanz zu verbessern. Steuermindernd muss dann ein *Anbau – und Verwertungskonzept* sein, wenn der Biokraftstoff ohne oder mit wenig Düngemittel auskommt und ohnehin anfallende biogene Reststoffe verwertet werden.

3. Dazu brauchen wir eine öffentliche Herkunfts- und Produktionszertifizierung der Biokraftstoffe. Derart zertifizierte Biokraftstoffe dürfen nur so hoch besteuert werden, dass sie billiger bleiben als fossile Kraftstoffe. Wir sind für einen Rein-Biokraftstoffmarkt, der regionale Wertschöpfung ermöglicht. Die Einführung von Biokraftstoffen nur über eine Beimischungspflicht halten wir für den falschen Weg, weil das die Biokraftstoffproduzenten in die Abhängigkeit von Mineralölkonzernen treibt. Für Biokraftstoffe brauchen wir mischkulturen, worauf unsere Agrarpolitik achten muss.

4. In der Strategie „Weg vom Öl“ wird das Elektromobil eine wachsende Rolle spielen. Voraussetzung ist, dass der Strom aus erneuerbaren Energien kommt. Deshalb muss dieser gegenüber Atom- und Fossilstrom steuerlich begünstigt

werden. Dasselbe gilt für Wasserstoff, der nur dann steuerlich begünstigt werden darf, wenn er mit Strom aus erneuerbaren Energien produziert wird.

5. Die von uns geführte Landesregierung wird mit gutem Beispiel vorangehen und ihren Fahrzeugpark auf nichtfossile Antriebstechniken umstellen, um dadurch den Markt öffnen zu helfen.

6. Selbstverständlich bedeuten unsere Initiativen hin zum Nullemissionsauto nicht, dass sich darin unsere Verkehrspolitik erschöpft und wir den Autoverkehr damit vor den Schienenverkehr setzen.

Diese Konferenz wird herausarbeiten, welcher erneuerbare Kraftstoff – gemessen an den zuvor genannten Kriterien – der vielversprechendste ist. Sie gibt damit auch Hinweise, welche Motoren wir dafür brauchen. Mehr noch: Sie wird aufzeigen, welchen Beitrag die Automobilindustrie als Massenproduzent von Motoren für die Energiewende insgesamt leisten kann. Jedes Automobil ist ein Kleinkraftwerk auf Rädern. Es ist auch als Kraftwerk nutzbar, wenn es nicht fährt. Das sind Synergieeffekte für eine hochproduktive künftige Volkswirtschaft, die technische Kapazitäten multifunktional nutzt und damit die Nutzerkosten senkt.

„Der höchste Zugewinn der SPD bei politischen Wahlen

Hessischer SPD-Landesparteitag, Hanau, 29.3.2008

Vor ein paar Wochen titelte eine große Tageszeitung:“ Linkes Projekt gescheitert – Ypsilanti gibt auf.“ Da mag der Wunsch den Text geleitet haben. Aber weder das eine noch das andere stimmt. Es gibt überhaupt keinen Grund von unserer politischen Überzeugung, für die wir eine gesellschaftliche Mehrheit errungen haben. Auch für mich gibt es keinen Grund, meine politischen Ziele aufzugeben – was offenbar die vielen bis ins persönliche gehenden Anwürfe auf mich bezwecken sollen.

Aber als ich diese Überschrift gelesen habe, wurde mir noch einmal klar, welcher harten politischen Auseinandersetzung wir uns wir gestellt haben mit unserem politischen Projekt der Sozialen Moderne. Die Angriffe sollen davon ablenken, wie viel hoffnungsvolle Zustimmung der hessischen Wählerinnen und Wähler wir erhalten haben. Das Bedürfnis der Menschen, Gerechtigkeit in allen politischen Bereichen und für die nächsten Generationen wieder zum zentralen Thema zu machen, ist offensichtlich eine Bedrohung für viele Besitzstände im gerade darin gescheiterten neoliberalen Zeitalter. Nur so kann der Sturm der Entrüstung erklärt werden, der in den letzten Wochen entfacht und über uns hereingebrochen ist.

Wie in allen schwierigen Situationen ist ein Blick in die Geschichte hilfreich. Ich möchte daher mit einem kleinen, aber vielsagenden Gedicht von *Bert Brecht* beginnen:

„Nach dem Aufstand des 17. Juni ließ der Sekretär des Schriftstellerverbandes in der Stalinallee Flugblätter verteilen, auf denen zu lesen war, dass das Volk das Vertrauen der Regierung verscherzt habe und es nur durch verdoppelte Arbeit zurückerobern könne. Wäre es da nicht einfacher, die Regierung löste das Volk auf und wählte ein anders?“

Genossinnen und Genossen! Viele öffentliche Ratschläge hatten in der letzten Woche weniger mit Rat, dafür umso mehr mit Schlägen zu tun. Das Gesamtbild der Bundespartei würde heute besser aussehen, wenn viele der Ratschläger einfach geschwiegen hätten. Das gilt für einen *Clement* mitten im Wahlkampf genauso wie für so manche Analysten des Wahlergebnisses danach.

Was sich aber zu dem Gedicht von uns aus sagen lässt:

Sozialdemokraten haben in ihrer Geschichte noch nie das Volk ausgewechselt – und wir beschimpfen auch keine Wähler. Die hessische SPD erkennt den Wählerwillen nicht nur formal an. Im Gegensatz zu dem CDU-Ministerpräsidenten, der trotz 12% Verlust an Amt und der Macht klebt oder zur FDP, die als Totalverweigerer und in Fundamentalopposition zickt, weil sie mit *Kochs* Amigos nicht regieren darf.

Wir waren und wären bereit, abzuwägen und Kompromisse zu machen, allerdings ohne unsere Grundwerte und unsere Inhalte preiszugeben. Diese Bereitschaft begründet mit, weshalb diese Partei nunmehr seit über 144 Jahren nicht nur für Freiheit und Gerechtigkeit, sondern auch für äußeren und inneren Frieden einsteht und im Unterschied zu Konservativen und Kommunisten ihren Namen nie ändern musste.

Ich will heute, unsere Schritte und Überlegungen nach der Wahl begründen und einen Ausblick für die weitere Arbeit geben. Der Ausgangspunkt ist unser Wahlergebnis, das offenbar auch einige Neider innerhalb der SPD gefunden hat.

Wir haben 7,6% gewonnen. Das war seit 2001 neben dem Wahlergebnis in Rheinland Pfalz (mit plus 0,9%) der einzige und mit Abstand höchste Zugewinn für die SPD in einer politischen Wahl in Deutschland. Wir haben diesen erreicht, obwohl mittlerweile mit der Linkspartei ein Konkurrent um unser Wählerpotential auf den Plan getreten ist.

Wir haben 90 000 Stimmen von der CDU, 66 000 von den Grünen und 68 000 aus dem Nichtwählerlager gewonnen. Wir sind in allen Altersgruppen bis 60 Jahre auf Platz eins. Bei den ganz Jungen, bei den Frauen, bei Arbeitnehmerinnen und Arbeitnehmern, bei den Selbstständigen bei den Beamten lagen wir weit vorne. Wir haben bis in die soziologische Mitte der Gesellschaft überzeugt. Wir wissen also auch besser als manch andere in der Bundespartei, die dauernd davon reden, wie man in der Mitte gewinnt.

Es gibt eine klare gesellschaftliche Mehrheit für einen Politikwechsel und den Aufbruch in das, was ich Soziale Moderne nenne. Wenn alle Stimmen, die *Roland Koch* und die CDU ablösen wollen, auf der Waage stehen, dann ist es dreist und lächerlich zugleich, wenn die CDU weiterhin zu behauptet, sie sei geschwächter Wahlsieger.

Wir haben diesen Wahlkampf mit drei Botschaften geführt:

Erstens mit dem inhaltlichen Projekt der Sozialen Moderne, mit dem Haus der Bildung, der neuen Energiepolitik, der Abschaffung der Studiengebühren und der Einführung des Mindestlohns. Kurzum: mit einem breiten Ansatz sozialer Gerechtigkeit. Wir sind in aller erster Linie für diese Inhalte gewählt worden und nicht für Koalitionsaussagen. Gerade Werte und Inhalte haben mit Glaubwürdigkeit zu tun. Das ist in der in politischer Absicht geschürten Medienhysterie untergegangen.

Die **zweite Botschaft** war: *Koch* muss weg, weil wir endlich wieder eine andere politische Kultur wollen, die der ebenso heimat- und kommunalverbundenen wie weltoffenen, der aufklärerisch-demokratischen wie der sozialen Tradition Hessens entspricht. Eine Große Koalition mit der von *Koch* zur konservativen Kaderpartei formierten CDU kommt nicht in Frage! Wir wollen mehr als nur einen Regierungswechsel, wir wollen den Politikwechsel!

Und die **dritte Botschaft** war: Wir wollen eine eigene rot/grüne Mehrheit, ohne die Linkspartei. Fast alle konventionellen Politik-Profis hielten das für unerreichbar. Aber wir waren ganz nahe dran, und wir hätten es möglicherweise geschafft, wenn nicht ausgerechnet ein ehemaliger stellvertretender SPD-Vorsitzender und Bundeswirtschaftsminister und jetziger RWE-Interessenvertreter eine Woche vor der Wahl dazu aufgerufen hätte, uns wegen unserer neuen Energiepolitik nicht zu wählen.

Manche aus den Bundesparteien sollten sich an diesen Tiefpunkt unsolidarischen Verhaltens erinnern, wenn sie über die hessische SPD und ihre Spitzenkandidatin reden.

Wer heute so wohlfeil von Wortbruch und Verlust von Glaubwürdigkeit spricht, sollte zumindest ein paar Fakten zur Kenntnis nehmen und die Dinge im Zusammenhang sehen. Fakt ist, dass die Linkspartei in Hessen schlechter als in Niedersachsen und Hamburg abgeschnitten hat. Vielleicht hat das ja damit zu tun, dass die hessische SPD und ihre Spitzenkandidatin durch programmatisches Profil mit inhaltlicher Glaubwürdigkeit die Linkspartei klein gehalten haben.

So, Genossinnen und Genossen, und dann stellte sich uns die Frage: Wie setzt man diesen demokratischen Wählerwillen um?

Bei allen Überlegungen dazu war und ist mir wichtig: Die Geschlossenheit mit dem wieder gewonnenen Selbstbewusstsein der hessischen SPD zu erhalten, womit wir diesen Wahlkampf erfolgreich bestritten haben. Das dürfen wir nicht aufs Spiel setzen. Das war die Grundlage für meine Entscheidungen und für meine Vorschläge der letzten Wochen.

Mit diesem Wahlergebnis irgendwie an der politischen Macht beteiligt zu werden, etwa als Juniorpartner in einer Großen Koalition, wäre allzu einfach gewesen. Es hätte nur nichts mit unserem Wählerauftrag zu tun gehabt. Die CDU hat sich nicht geschämt, eine Große Koalition unter *Roland Koch* vorzuschlagen, mit kleinen Korrekturen an der gescheiterten G 8-Reform und ansonsten einem „Weiter so“: Da kann ich nur erwidern: einer solchen Konstellation dürfen und werden wir nicht die Hand reichen!

Wir haben das Plakat „Stoppt Ypsilanti, Al Wazir und die Kommunisten“ mit den gezielten untergründigen Ressentiments nicht vergessen. Wir haben nicht vergessen, wie die CDU erneut versucht hat, Ausländer und Integration mit abstoßenden Vorurteilen und auf dem Rücken der Opfer abscheulicher Gewalttaten zu ihrem Wahlkampfschlager zu machen. Wissend, dass sie ihre Hausaufgaben weder bei der Polizei, noch bei der Justiz gemacht hat. Wissend, dass der brutalstmögliche Sozialabbau in Hessen jede pädagogische Präventivarbeit verhindert hat.

Wir bleiben schon deshalb auch bei unserer zweiten Botschaft: *Koch* muss weg – und nicht nur er, sondern seine komplette, großenteils erzkonservative

Regierungsmannschaft. Genossinnen und Genossen, ich stehe dazu, dass wir heute auf diesem Parteitag einer Großen Koalition mit der *Koch*-CDU eine klare Absage erteilen!

Leider ist uns die Realisierung unserer dritten Botschaft, mit einer rot/grünen Mehrheit den Politikwechsel herbeizuführen, durch das Wahlergebnis nicht möglich geworden. Die Probleme der letzten Wochen und der vor uns liegenden Zeit sind aus der Frage erwachsen: wie können wir dennoch die Realisierbarkeit der zwei ersten Botschaften ermöglichen? Das war und ist das vorrangige demokratische Glaubwürdigkeitsgebot!

Genossinnen und Genossen, an dieser Stelle will ich etwas zu kritischer Moral oder moralisierender Kritik sagen, auch wenn es manche nicht mehr hören können: Wer in Hamburg ohne Skrupel mit der Partei des Richters Gnadenlos die Macht ergriffen hat, wer in Hessen (!) 1992 ganz offen über eine Zusammenarbeit mit den rechtsextremen Republikanern spekuliert hat, der hat allen Anlass zu schweigen.

Ich darf aus dem SPIEGEL, Nummer 30/1992 zitieren: „In Hessen brachte die CDU-Landtagsabgeordnete *Petra Roth* die Rechtsextremen als Bündnispartner ins Gespräch .... In einem Interview mit der Frankfurter Rundschau schloss die Politikerin nicht aus, dass sie im Falle eines Falles die Republikaner als Mehrheitsbeschaffer für den Einzug in den Römer (gemeint ist als OB) in Anspruch nehmen würde."

Genossinnen und Genossen, ich kann ja gut verstehen, dass sich die hessische CDU nicht erinnert werden will, so wie auch nicht an die Frage der Herkunft der Millionen aus angeblich jüdischen Vermächtnissen.

Man muss die Linkspartei nicht mögen, schon gar nicht ihre ewig versprengten gestrigen DKP-Kader, wie in Niedersachsen. Aber nicht einmal in Ostdeutschland, wo sie – im Gegensatz zu ihren Landesverbänden im Westen – tatsächlich eine überwiegend geläuterte SED-Nachfolgepartei ist, wird sie mit Republikanern oder anderen rechtsextremen Parteien gleichgesetzt. Weder von der SPD noch von der CDU.

In Westdeutschland gehören nicht wenige ehemalige Sozialdemokraten, darunter ehemalige SPD-Vorstandsmitglieder und namhafte sozialdemokratische Gewerkschafter an – und gewählt haben sie nicht wenige ehemalige SPD-Wähler. Ich halte den Schritt ehemals aktiver Sozialdemokraten zur Linkspartei für falsch und politisch abwegig – und er hat durchaus auch tragische Züge für alle Beteiligten. Aber es ist unter jedem Niveau einer seriösen Auseinandersetzung, sie einfach als Kommunisten abzustempeln. Und wir müssen uns dagegen verwahren, ehemalige SPD-Wähler so zu beleidigen. Wir müssen sie zurückgewinnen!

Ob und inwieweit das gelingt, hängt von der SPD-Politik ab und nicht zuletzt davon, dass wir eine sachgemäße Diskussion über die Linkspartei führen. Das gehört zu unserem Anspruch einer demokratischen Kultur. Alles andere führt nur zu deren weiterer Stärkung der Linkspartei und das zu unseren Lasten.

Auch das mussten wir bedenken, nachdem uns die Entwicklung nach dem Wahltag vor die Frage einer rot/grünen Minderheitsregierung gestellt hat. Zur Entwicklung dahin gehört die Rolle der FDP.

Genossinnen und Genossen, wer vorne steht, darf sich nicht wundern, dass es gelegentlich medial hart zugeht. Eines aber müssen wir Sozialdemokraten uns mit Sicherheit nicht vorwerfen lassen: Dass wir uns nicht wirklich um die FDP bemüht hätten.

Ich gestehe dabei gerne ein, dass ich es versäumt habe, Herrn *Hahn* nach dem Wahltag im Flugzeug, über 20 Sitzreihen hinweg, freundlich zu grüßen. Er hätte es ja höflicherweise auch tun können.

Aber wer glaubt denn im Ernst, dass daran die „Ampel“ gescheitert ist? Wir wollten ernsthaft und offen verhandeln. Aber ich sage zugleich: Wir Sozialdemokraten sind nicht zur Selbstaufgabe bereit. Wer meint, dass Koalitionsangebote mit Stalking vergleichen zu dürfen, wer schriftliche Angebote schnöde zurückweist und der SPD Lektionen über Lesen und Schreiben empfiehlt, der diskreditiert sich selbst als ernstzunehmende politische Kraft. Es gibt Grenzen, die unsere Eigenwürde setzt!

Herr *Westerwelle* und Herr *Hahn* haben die FDP willentlich und wissentlich in eine Fundamentalopposition zu uns geführt. Herr *Westerwelle* hat immerhin nach der Hamburg-Wahl zumindest taktisch erkannt, dass dies ein falscher Weg sein könnte. Aber er hat bisher mit keinem Wort angedeutet, dass er zu von seinem neoliberalen Dogma abweichenden Kompromissen bereit sei.

Und von Herrn *Hahn* tönt es laut:

„Mit uns gibt es keinen Wortbruch" - um zeitgleich einen solchen, gemeinsam mit seinem Säulenheiligen *Roland Koch* - der bekanntlich vor Ehrlichkeit nur so strotzt - von den zuvor noch verleumdeten Grüne einzufordern.

Da kann man nur festhalten: Wer so beliebig ist und so die Menschen und Wähler für dumm verkauft, von dem brauchen wir keine Belehrungen in politischer Moral und Glaubwürdigkeit.

Genossinnen und Genossen, es gab einmal - auch in Hessen - eine FDP, die mutig und reformorientiert war. Die 1969 unter ungleich schwierigeren Bedingungen unter *Walter Scheel* die sozial-liberale Ära mit begründete. Die mit *Willy Brandt* eine neue Ostpolitik und die Epoche der Entspannung gestaltete, die zur deutschen Vereinigung geführt hat.

Und natürlich; es gab auch die FDP des Grafen *Lambsdorff* und *Genschers*, die *Helmut Schmidt* 1982 stürzte und *Kohl* zum Kanzler wählte - nachdem sie 1980 in den Bundestagswahlkampf mit dem Versprechen gezogen war, Garant für die Kanzlerschaft *Helmut Schmidts* zu sein. Das war der folgenreichste Wortbruch der deutschen Nachkriegsgeschichte - und die FDP konnte nicht behaupten, sie hätte nicht die Alternative zur Fortsetzung der sozialliberalen Koalition gehabt.

Und: Wer wie die heutige hessische FDP der Schwarzgeld-Partei CDU geholfen hat an der Macht zu bleiben, scheidet schon deshalb als politischer Tugendwächter aus.

Genossinnen und Genossen, kommen wir zum vermeintlichen Wortbruch. Zunächst möchte ich schlicht Fakten festhalten. Nach der Hamburg-Wahl haben sowohl der Parteivorstand als auch der Parteirat beschlossen, dass die Landesverbände selbst entscheiden, mit wem sie Koalitionen oder Tolerierungen machen. Dieser Beschluss bezog sich explizit auf Hessen. Es sollte für eine Partei eine Selbstverständlichkeit sein, dass Stellvertreter eines oder einer Vorsitzenden diese - wie der schleswig-holsteinische Landesvorsitzende Ralf Stegner sagte - „vertreten und nicht treten".

Und die hessische SPD wird sich nicht von nicht-hessischen Genossen vorschreiben lassen, wie und mit wem sie zu regieren hat. Das entscheidet alleine ein Parteitag der hessischen SPD! Eine solche Einmischung – wie in den letzten Wochen – ist einmalig in der Parteigeschichte.

Lauthals wurden wir vor einem Wortbruch gewarnt, darunter auch von vielen, die wir im hessischen Wahlkampf nicht sehen konnten. Und manche empfahlen uns zur Vermeidung eines Wortbruchs den Wortbruch einer Großen Koalition. Aber über politische Inhalte, um die es einer politischen Partei in erster Linie gehen muss, brach kein Wort aus ihnen heraus.

Und nun zu unserer Entscheidungsfindung. Wenige Tage vor der Hamburg-Wahl hat *Kurt Beck* in einem Hintergrundgespräch mit Journalisten angedeutet, dass es doch nicht angehen könne, *Koch* nach diesem Wahlergebnis einfach weiter amtieren zu lassen – und dass wir dann notfalls für den von den Wählern gewollten Politikwechsel Flagge zeigen müssten.

Kurt Beck hat eingeräumt, dass dieser Zeitpunkt unglücklich war. Es traf uns unvorbereitet. Wir hatten in dieser Situation – immer noch mit Rücksicht auf die Hamburg-Wahl – keine Gelegenheit, öffentlich darzulegen, warum sich keine andere Möglichkeit für den von uns geführten Politikwechsel als die einer rot-grünen Minderheitsregierung abzeichnet.

Ich habe keineswegs nach dem Motto gehandelt: Hurra, da gibt es ja noch die Linkspartei. Wir haben mit dieser Entscheidung gerungen, viele Genossen und Genossinnen um Rat gefragt und natürlich die zuständigen Gremien zeitnah befragt. Nach Abwägung aller Varianten haben wir im Landesvorstand und in der Fraktion die Entscheidung getroffen, dass unsere Politik nur mit einer rot/grünen Minderheitsregierung realisierbar ist – und dass wir, Genossinnen und Genossen, nur so unseren Inhalten und dem darauf bezogenen Wählerwillen treu bleiben können.

Unser moralischer Leitfaden war und ist dabei: Die Leute wollen endlich wieder erleben, dass die ihrer Wahlentscheidung zugrundeliegenden Inhalte auch nach der Wahl gelten und durchgesetzt werden. Das ist ihre wichtigste Erwartung an die Glaubwürdigkeit derjenigen, die sie gewählt haben. Wird diese nicht erfüllt, geht ihr Vertrauen an die Demokratie verloren! Wir sprechen über Moral statt Machtgier!

Ich darf zitieren:

„Gestatte man mir einen logischen Exkurs. Ypsilanti kann nicht die Wähler der CDU plus FDP um ihre Stimmen betrogen haben, da diese mit 46,2% Roland Koch wählen wollten und auch wählten. Nötig wäre es also, den SPD-, Grünen- und Linken-Wählern die triftige Frage zu stellen: Wollt ihr Koch kommissarisch oder Ypsilanti minoritär regieren lassen? .... Und an die Genossin Metzger gerichtet: Hat sie, als sie gegen *Kochs* Ministerin und Stellvertreterin um das Direktmandat in Darmstadt-Stadt II kämpfte, niemals ihren Wählern versprochen, Roland Koch abzulösen? Diese Frage gilt nicht nur für Dagmar Metzger, sondern der gesamten SPD", so schreibt *Ivan Nagel*, der als kritischer unabhängiger Geist bekannte Theaterintendant in der Frankfurter Rundschau.

Genossinnen und Genossen, das war dann unser Vorschlag: eine rot/grüne Minderheitsregierung. Diese hätte, davon bin ich überzeugt, trotz aller Schwierigkeiten, dieses Land vorangebracht und gezeigt, dass „Hessen vorn" wieder Geltungskraft bekommt!

Darüber muss auf dem heutigen Parteitag gesprochen werden. Ich will dies sachlich tun, ohne Anklage und ohne die Integrität von *Dagmar Metzger* in Frage zu stellen.

Die Öffentlichkeit und mancher Ferndiagnostiker waren hier allzu schnell mit dem Vorwurf des handwerklichen Unvermögens auf dem Markt. Liebe Genossinnen und Genossen, dieser Vorwurf unterstellt, dass in einer Fraktion grundsätzlich ein Misstrauensklima herrschen muss. Dass man die eigenen Fraktionsmitglieder ständig der Prüfung zu unterziehen hätte in der entscheidenden Frage der Regierungsbildung: Gehst Du mit?

Nein, ich bin davon ausgegangen, dass unserer Fraktion geschlossen auftritt und alle die Mehrheitsentscheidung akzeptieren, die erst der heutige Parteitag letzt entscheidend treffen sollte. Das ist Normalität in einer Fraktion und der Partei – auch wenn jeder unserer Abgeordneten Situationen kennt, in denen man vielleicht lieber abweichend vom Mehrheitsbeschluss votieren würde.

Ich bin davon ausgegangen, dass sich jeder vor einer derart zentralen Entscheidung äußert und an den entscheidenden Sitzungen teilnimmt, oder eben deren Ergebnis mit trägt. Ich habe aber zu respektieren, dass *Dagmar Metzger* geltend macht, sie sei in dem Glauben der entscheidenden Sitzung fern geblieben, dass da keine grundsätzliche Kursbestimmung anstehe. Und es ist heute müßig darüber zu streiten, ob hier eine Holschuld oder eine Bringschuld bestanden hat.

Liebe Genossinnen und Genossen, *gestattet mir einige grundsätzliche Bemerkungen zu persönlichen Konfliktlagen bei politischen Gewissensfragen.*

Was man mit seinem Gewissen bei einer Mehrheitsentscheidung vereinbaren kann, ist persönlich wie politisch eine der schwierigsten überhaupt. Bei Fragen, bei denen es um Leben und Tod geht – von der embryonalen Stammzellenforschung bis zur Entscheidung über Kriegeinsätze – ist ein Gewissensvorbehalt grundsätzlich selbstverständlich. Aber selbst dann geht es immer auch um die Abwägung mit den gesamtpolitischen Folgen der individuellen Entscheidung.

Ich erinnere an die politische Entscheidung über die deutsche Mitwirkung am Afghanistan-Einsatz, die Ende 2001 im Bundestag gefällt wurde. Zahlreiche SPD-Abgeordnete wollten aus Gewissensgründen ihre Zustimmung verweigern. Daraufhin verband Bundeskanzler *Gerhard Schröder* die Abstimmung darüber mit der Vertrauensfrage. Damit ging es nicht mehr allein um die Entscheidung zum Einzelfall, sondern um den Fortbestand der von der SPD-geführten Bundesregierung – also um *alle* sozialdemokratischen Gestaltungsmöglichkeiten überhaupt. Deshalb stimmten letztlich mit einer Ausnahme alle zu.

Generalsekretär *Franz Müntefering* drohte zuvor allen, die dagegen stimmen wollten, mit der Nichtnominierung für die nächste Bundestagswahl. Die SPD-Abgeordnete *Christa Lörcher* aus Baden-Württemberg verweigerte dennoch ihre Zustimmung, worauf sie aufgefordert wurde – vom Fraktionsvorsitzenden *Peter Struck* und von ihrer Landesgruppe – ihr Mandat niederzulegen. Sie trat schließlich aus der Fraktion aus. Bei all diesen bewegenden Vorgängen gab es nicht den Sturm öffentlicher Entrüstung, wie es in den letzten Wochen der Fall war, als im Konflikt zwischen Regierungsmacht und individueller Gewissensentscheidung die Mandatsfrage aufgeworfen wurde.

Genossinnen und Genossen,
jeder und jede Abgeordnete muss selbst entscheiden, in welcher Situation er oder sie das unveräußerliche Recht auf eine Gewissensentscheidung in Anspruch nimmt. Zu dieser gehört dann aber auch, darüber Fragen und Kritik zu ertragen – besonders wenn die Gewissensentscheidung einer einzelnen Person

bei knappen Mehrheiten die Frage der Regierungsfähigkeit der Partei betrifft. Deshalb sollte jeder verstehen, dass die Diskussion darüber emotional aufgewühlt war. Nicht mehr und nicht weniger ist geschehen. Ich habe dieses Kapitel abgeschlossen, aber das grundsätzliche Problem ist deshalb nicht gelöst, unabhängig von einzelnen Personen.

Kein Sozialdemokrat vergisst Mauer, Stacheldraht und Schießbefehl und die Inhaftierungen von Genossen in Bautzen. Auch dann nicht, wenn die Partei einen anderen Namen trägt und sich zumindest großenteils geläutert hat – und wenn die Linkspartei, die nur zum Teil Nachfolgepartei der SED ist, längst auch Mitglieder hat, die aus Sozialdemokratie oder von den Grünen kommen.

Allerdings gilt auch: Die Partei, die zwei Blockparteien der kommunistischen SED über Nacht einen demokratischen Segen erteilt hat, und die nach 1945 genügend braune Funktionäre in höchste politische Ämter und Funktionen bis ins Bundeskanzleramt hievte, diese CDU hat Sozialdemokraten im Umgang mit der Linkspartei nicht zu belehren – und schon gar kein *Roland Koch*!

Wenn die CDU heute „Jamaika“ für möglich hält, obwohl sie gestern noch die Grünen in Grund und Boden verdammte, dann profitiert sie von gelungener sozialdemokratischer Integrationspolitik der vergangenen Jahrzehnte. Es waren *Holger Börner* und *Willy Brandt*, die die Friedens- und Ökologiebewegung mit der parlamentarischen Demokratie versöhnten. Es waren übrigens auch die Sozialdemokraten und Antifaschisten *Wehner* und *Brandt*, die 1966 unter einem Bundeskanzler *Kiesinger*, der NSDAP-Mitglied war, eine Große Koalition schlossen, 21 Jahre nach 1945. Und dass es eine unselige konservative Tradition hat, eine persönlich herabwürdigende Medien-Kampagne gegen führende Sozialdemokraten anzuzetteln, wenn sie neue Wege gehen. Das hat *Willy Brandt* oft genug erleben müssen.

Ich darf noch einmal *Ivan Nagel* zitieren:

„Wer heute nur über die Umfrageverluste für SPD, Beck, *Ypsilanti* berichtet, statt zeitgleich über die Tsunamiwelle von demagogischer Raserei, mit der die meistgelesenen Zeitungen des Landes seit den Hessen – und Hamburg – Wahlen über Volk und Politik herfallen – der schildert die Lage unvollständig, also falsch.“ Und weiter: „Eine solche Seuche des Hasses wie in den letzten Wochen gegen Beck und „Lügilanti" wurde hierzulande seit den Dutscke-Jahren nicht mehr entfesselt."

Genossinnen und Genossen, diese Kampagne zeigt, dass es um mehr geht als die Frage einer Minderheitsregierung in Hessen geht. Wer sich erinnert, weiß noch, wie die Springer-Presse pünktlich am 27.Dezember 2007, einen Monat vor der Wahl, die Kampagne gegen gewalttätige Jugendliche mit *Koch* startete und bis zum Wahltag durchhielt. Und auch der *Clement*-Aufruf erschien in der Springer-Presse.

Die das anzetteln wissen: wenn in Hessen unser Projekt einer Sozialen Moderne beginnt, ist das das Ende der zukunftsunfähigen neoliberalen Ideologie und Praxis!

Die wissen, dass eine neue Energie- und Wirtschaftspolitik mit *Hermann Scheer* nicht nur die Wende zu erneuerbaren Energien, sondern auch das Ende der Extraprofite der Energiekonzerne.

Die wissen, dass unser neuer Politikansatz der sozialen Gerechtigkeit auch Auswirkungen auf das gesellschaftliche Klima der ganzen Republik und auf die Bundstagswahl haben wird. Und dass das so genannte Prekariat sich möglicherweise wieder gesellschaftlich und wirtschaftlich einbringt.

Und die wissen, dass soziale und kulturelle Bildung in einem neuen Haus der Bildung ein großer Schritt zu mehr Aufklärung und Emanzipation sein wird.

Darum geht es Genossinnen und Genossen! Dieser Parteitag hat die Aufgabe und das Ziel, unsere Politik zu bekräftigen und weiter zu verfolgen!

Ich gestehe, dass bei uns handwerkliche Fehler passiert sind. Nicht so viele, wie jene Berliner Genossen jetzt zu erkennen meinen, die über die handwerklichen Fehler der Agenda 2010 schweigen – obgleich wir doch inzwischen zumindest eines wissen: Ohne manchen Fehler und Pfusch der Agenda hätten wir heute ein Problem namens Linkspartei nicht.

Ich möchte Euch Genossinnen und Genossen, die weiteren Wege skizzieren.

Wir werden zunächst das tun, was gegenüber unseren Wählern selbstverständlich ist: Wir werden die Gesetze einbringen, die wir im Wahlkampf angekündigt haben. Das heißt, Abschaffung der Studiengebühren, Reform der G 8, Initiative für eine Internationale Bauausstellung Rhein Main, Rückkehr in den Tarifvertrag der Länder. Wir werden den landesgesetzlichen Rahmen für die Wende zu erneuerbaren Energien einbringen, besonders die Erweiterung der kommunalpolitischen Kompetenzen dafür. Da darf mitstimmen, wer will, die Linkspartei genauso wie die FDP und auch die CDU, wenn sie neue Erkenntnisse hat.

Und Genossinnen und Genossen, ich mache kein Geheimnis daraus, das ich mir zu gegebener Zeit weiterhin eine Minderheitenregierung mit den Grünen oder vielleicht sogar eine Ampel vorstellen kann, wenn die FDP zur inhaltliche Besinnung kommt und ihre Blutsbrüderschaft mit *Koch* beendet.

Was ich mir nicht vorstellen kann ist, wie „Jamaika“ gelingen soll. Unabhängig von dem damit verbundenen dreifachen Wortbruch der CDU, FDP und den Grünen – wunderlich, dass dies niemand thematisiert – wäre es die Selbstaufgabe der Grünen in Hessen. Das kann *Tarek Al Wasir* nicht wollen und ich bin mir sicher, das will er auch nicht!

Wir stehen aber vielleicht auch vor einer dritten Möglichkeit, die im Moment niemand will und die ich mir nicht wünsche, die ich aber weder ausschließe noch fürchte. Und das sind *Neuwahlen.*

Ich bin sicher, es gibt einen gravierenden Unterschied zwischen veröffentlichten bundesweiten Meinung und der Meinung vieler hessischer Bürger, die natürlich besser wissen, wie es hier aussieht und wie *Kochs* Politik und unsere Politik zu bewerten sind. Deshalb sehen auch die Umfragen für die SPD in Hessen deutlich besser aus im Bund.

Ganz viele sind auf mich zugekommen oder haben geschrieben, fast immer mit der Ermunterung: Andrea, Frau Ypsilanti halte und halten Sie durch, wir wollen Deine bzw. Ihre Politik! Wir haben die hessische SPD nicht wegen irgendwelcher Koalitionsaussagen, sondern wegen der Inhalte gewählt.

Und Genossinnen und Genossen, ich sichere Euch zu: Wir werden uns weder vor den Springer-Bossen *Dieckmann* und *Döpfner*, noch vor Herrn *Markwort* und dem Focus, und auch nicht vor diversen Kommentatoren, Sendern und ihren Talkshows, von unserer Politik abbringen lassen – und ich schon gar nicht!

Wir haben keine Angst vor Neuwahlen, wenn das Landesparlament dies beschließt. Wir wissen, unsere Inhalte sind richtig – und diese wollen die Menschen, die die SPD gewählt haben, und noch mehr Menschen wollen mich als Ministerpräsidentin sehen. Ich fürchte mich nicht, mit dieser großartigen hessischen SPD wieder anzutreten.

Und dann müssen andere den Wählern erklären. Warum „Jamaika" Klasse sein soll, aber eine Ampel des Teufels sei. Warum ein Ministerpräsident, der 12% verloren hat, trotzdem meint, er könne ungerührt weiter machen. Weshalb eine *Andrea Ypsilanti* so unglaubwürdig sein soll, weil sie parlamentarische Durchsetzungsmöglichkeiten für ihre inhaltlichen Wahlversprechen sucht. Genossinnen und Genossen, davor haben wir keine Angst! Wir können uns erhobenen Hauptes vor die Wähler stellen. Und wir tun dies, wenn es erforderlich ist.

Und ich bin davon überzeugt, die meisten der Bürger und Bürgerinnen akzeptieren, dass wir mit der Linken sprechen und sie nicht dauerhaft wie Schmuddelkinder behandeln, zumal sie das am Ende nur stärker macht. Manchmal habe ich den Eindruck, die Bürger sind da – wie bei den erneuerbaren Energien – schon weiter als der ein oder andere Genosse in Berlin.

Unsere Partei wird auch in NRW und im Saarland bald vor die Frage gestellt, ob wir eine babylonische Gefangenschaft als Juniorpartner der CDU oder eine neue soziale Reformpolitik wollen. Ob wir mit der gesellschaftlichen Mehrheit jenseits der rechten Parteien, die sich Mitte nennen, Politik für die Menschen machen wollen, oder ob die Politik den vermeintlichen Notwendigkeiten des Neoliberalismus untergeordnet sein soll.

Ich kann dazu nur empfehlen: Wer eine SPD jenseits der 30% Marke nicht nur auf dem Papier will, der muss sich dieser gesellschaftlichen und politischen Wirklichkeit stellen – auch wenn es dafür nicht nur Beifall gibt. Der kann an unserem Programm und damit erzielten Wahlergebnis ablesen, wie man das macht!

Die Arbeitnehmerinnen und Arbeitnehmer, von der Verkäuferin bei Rewe bis zu Bankangestellten, brauchen eine SPD, die wirksam für ihre Interessen streitet.

Das gilt ebenso für die vielen Selbständigen, die wissen, dass Wirtschafts- und Energiekonservatismus und immer weitere Unternehmenskonzentration zukunftslos sind und uns in heillose wirtschaftliche Krisen führt – und die wissen, dass unser Wirtschafts- und Umweltprogramm unsere Industrie globalisierungsfähig hält und zugleich die regionale Wirtschaft belebt und dauerhaft stabilisiert.

Die im Hamburger Programm skizzierte „solidarische Mehrheit" besteht nicht aus 5% Yuppies, sondern aus allen gesellschaftlichen Milieus und sozialen Klassen. Für die lohnt es sich zu streiten und dafür gibt es Mehrheiten. Zu Risiken und Nebenwirkungen kann man die hessische SPD befragen! Sie wären geringer, wenn alle in der SPD das ausreichend verstanden hätten.

Ich stehe vielleicht nicht – wie es in einer klassischen Strophe der Arbeiterliedkultur heißt –, „so fest wie eine Eiche". Aber ich habe „so manchen Sturm erlebt" und durchgestanden. Und ich kenne den Alltag, nicht nur vom Hörensagen. Wie stark ich **politisch** bin, entscheidet ihr und die Wähler und Wählerinnen.

Genossinnen und Genossen, ich bin bereit, mit Euerer Unterstützung und Solidarität weiter für die Idee einer Sozialen Moderne zu kämpfen!

Ich danke für Eure Aufmerksamkeit. Glückauf!

Wohin zieht die neue Zeit?

Die Soziale Moderne als europäisches Projekt der Sozialdemokratie

Parteitag der Wiener SPÖ, 27.4.2008

Liebe Genossinnen, liebe Genossen,
lieber *Alfred Gusenbauer*,
lieber *Michael Häupl*,

nach den turbulenten Tagen und Wochen für die SPD in Deutschland und hier nicht zuletzt in Hessen freue ich mich ganz besonders, heute hier bei Euch in Wien zu sein. Ich hatte gestern schon die Gelegenheit, Eure einmalige Stadt zu erkunden. Schon die Spaziergänge durchs rote Wien, die ihr auf Eurer Internetseite anbietet, sind ein Erlebnis. Eine ganz konkrete Anregung für die Genossinnen und Genossen aus meiner Heimatstadt Frankfurt, sich Euch zu Vorbild zu nehmen und damit zu unterstreichen, dass es angestammt rot ist und auch wieder rot regiert werden muss.

Lieber *Michael Häupl*,
zunächst herzlichen Dank für die Einladung, als Gastrednerin hier bei der SPÖ sprechen zu dürfen. Ganz herzlichen Glückwunsch zum 15. Jubiläum als Landesvorsitzender der SPÖ - Wien. Auf ein solches Partei-Jubiläum und auf 14 Jahre im Amt des Bürgermeisters und Landeshauptmannes von Wien, darauf kannst Du, lieber Michael, darauf könnt ihr - liebe Genossinnen, liebe Genossen - mit Recht stolz sein.

Doch eine solch positive Bilanz kommt nicht von ungefähr. Sie muss Tag für Tag hart erarbeitet werden. Sie kann nur dann erreicht werden,

- wenn sich die Mehrheit der Menschen in Partei, Abgeordneten und im Bürgermeister wieder findet,
- wenn die Menschen in euch und in eure Politik Zutrauen haben,
- wenn Ihr Themen aufgreift, die den Menschen unter den Nägeln brennen,
- und wenn die Partei in der Lage ist, sich kontinuierlich von innen heraus zu erneuern und bereit ist, neue sozialdemokratische Wege zu den neuen Herausforderungen zu beschreiten.

Damit ist die für alle europäischen Sozialdemokraten wichtige Frage angesprochen, wie wir überall wieder zu neuen Mehrheiten kommen können. Nur noch wenige EU-Länder sind gegenwärtig von Sozialdemokraten regiert, im Gegensatz zum Beginn dieses Jahrzehnts – und das, obwohl der Neoliberalismus seinen Kredit bei der Mehrheit der Menschen verspielt hat.

Ich möchte über das Gemeinsame zwischen der Sozialdemokratie in Deutschland und Österreich sprechen. Denn ich glaube – und das zeigt mir auch euer Antragsbuch – dass wir vor ganz ähnlichen Problemen und Herausforderungen stehen, zumal es nirgendwo zwischen Parteien aus zwei Staaten so viel traditionell Verbindendes gibt wie zwischen SPÖ und SPD.

Wir müssen heute feststellen, dass die Zeit des Neoliberalismus – dem für ein paar kurze Jahre nicht nur Politiker der „Mitte“ aufgesessen sind – gescheitert ist, nicht nur sozial und ökologisch, sondern gerade auch wirtschaftlich. Er ist für die Mehrzahl der Menschen weder bedürfnisgerecht noch gesellschaftsfähig. Die Erfahrungen mit Privatisierung, Zwangsmobilität, Massenentlassungen und neuen Einkommenskluften habe seine Versprechungen Lügen gestraft. Aber die Skepsis der Menschen reicht tiefer. Das neoliberale Gesellschaftsbild mit seiner Feier des flexiblen Humankapitaleigners und der Verwandlung der Nation in einen bloßen „Standort“ für Wirtschaftsinteressen gibt den Menschen keine Heimat. Die ökologischen Folgeschäden des Neoliberalismus sind unübersehbare und angesichts eines globalen Wettbewerbs auf der Basis herkömmliche Ressourcennutzung kaum abzuwenden. Bis weit in die Mittelschichten wächst die Sehnsucht nach einer neuen, zeitgemäßen Existenz- und Zukunftssicherheit. Es ist töricht, diese Stimmungen als rückwärtsgewandt, unaufgeklärt oder naiv-nostalgisch abzutun.

Wer das erkannt hat, der darf als Sozialdemokrat nicht wie das Kaninchen vor der Schlange hocken, sondern muss problemlösende und Krisen überwindende Perspektiven entwickeln. Das tue ich mit einer Politik, die ich Soziale Moderne nenne. Wir müssen uns den tatsächlich unumkehrbaren, notwendigen und zukunftsträchtigen Entwicklungen der wirtschaftlichen Globalisierung stellen. Doch dürfen wir ihre negativen wirtschaftlichen, sozialen, ökologischen und kulturellen Begleiterscheinungen nicht als unumkehrbares Schicksal hinnehmen. Eine Voraussetzung dafür ist, die klassische Lösung der sozialen Frage mit ihrer Beschränkung auf monetäre Umverteilung zu überprüfen. Wir müssen neue, zeitgemäße Formen gesellschaftlicher Solidarität einführen und fördern. Es geht weniger als je darum, die Staatstätigkeit abzubauen; und mehr denn je darum, die Produktivität und die Qualität staatlicher Leistungen zu verbessern und dafür neue Finanzierungs- und Verteilungskonzepte zu entwickeln. Die klassische soziale Frage ist nicht überholt. Verlangt sind nur neue Antworten darauf.

Zu diesen gehören auch Antworten auf die bislang unbeherrschte ökonomische Dynamik der Globalisierung – sprich: die schleichend entstehende **privatwirtschaftliche** Planwirtschaft der hochkonzentrierten transnationalen „Global Player". Diese ist es, die die Marktwirtschaft, wirtschaftlichen Mittelstand und regionale Wirtschaftsformen unter die Räder kommen lässt. Die Verhinderung und Entflechtung von Monopolen, national wie international, ist eine zentrale ordnungspolitische Herausforderung für Regierungen und Parlamente in unseren Ländern und in der EU. Die Infrastruktur, die zur Gleichheit aller Wirtschaftsteilnehmer und zur Daseinsvorsorge unverzichtbar ist, muss wieder als unverzichtbare öffentliche Leistung für Bürger und wirtschaftlichen Mittelstand verstanden werden.

Angesichts der anhaltenden Tendenz zu immer höherer Produktivität, also zur Produktionssteigerung mit weniger Beschäftigen, und der Internationalisierung der Wirtschaft, müssen neue Ansätze zur Finanzierung öffentlicher Aufgaben und der sozialen Sicherung entwickelt werden, etwa die Besteuerung und Abgabenerhebung von den Arbeitseinkommen auf eine sozial differenzierte Belastung von Verbrauchsgütern, den Verbrauch nicht erneuerbarer Ressourcen und von überdurchschnittlichen Vermögen. Mit Interesse habe ich gelesen, dass sich auch viele Anträge in Eurem Antragsbuch genau mit dieser Thematik beschäftigen.

Der größte Teil der Menschen macht die Erfahrung, dass es in erster Linie nicht nur in Deutschland eine Gerechtigkeitslücke gibt und sie erwarten von der

Sozialdemokratie eine Antwort. Sie fühlen sich von Wirtschaftsaufschwüngen nicht mitgenommen, sondern von den wirtschaftlichen Entwicklungen abgehängt. Das Gerechtigkeitsdefizit ist kein gefühltes, sondern ein reales. Es hat mit den wirtschaftlichen und gesellschaftlichen Rahmenbedingungen zu tun, die gemeinhin mit Globalisierung umschrieben werden. Es ist aber vor allem den unzureichenden Antworten der Politik auf diese globale Herausforderung geschuldet.

Globalisierung darf nicht nur verstanden werden als globale Wirtschaftsliberalisierung, Globalisierung ist ein politisches Projekt. Dazu gehören neue internationale Regeln zur Kontrolle der Finanzmärkte, für fairen und nicht nur freien Wettbewerb, für soziale und ökologische Standards im Welthandel.

Das Projekt der Sozialen Moderne setzt auf das Potenzial aller Menschen, auf ihre Qualifizierung und ihre Sozial- und Demokratiefähigkeit. Dazu gehören: realisierte Lerngleichheit und eine Bildung, die Menschen befähigt, eine komplexe Welt auszuhalten, zu begreifen und trotz aller Wechselfälle der Wirtschaft ein sinnvolles und selbstbestimmtes Leben zu gestalten. Statt einer nur auf unmittelbare wirtschaftliche Verwertung fixierten Ausbildung geht es um eine zeitgemäße und umfassende humanistische und technische Bildung. Das vorrangige Bildungsziel muss es sein, Menschen die Möglichkeit zu vermitteln, aufgeklärte und selbständig denkende Subjekte zu werden, die alle ihre Fähigkeiten entwickeln können. Das verbietet die Frühauslese, und es gebietet, unabhängig von der sozialen Herkunft der Kinder vielfältigen Begabungen ihre Entfaltungschancen zu geben. Auch hier sehe ich in Euren Anträgen viele inhaltliche Übereinstimmungen.

Neben den *neuen Antworten auf die klassische soziale Frage*, die von der Sozialdemokratie erwartet werden, steht die *neue soziale Frage im 21. Jahrhundert*: Die wachsenden sozialen Kosten für die Gesellschaft durch Klima-, Umwelt- und Gesundheitsschäden. Sie alle hängen eng mit der Energieversorgung zusammen – konkret mit der Nutzung fossiler Ressourcen. Hinzu kommt, dass diese Ressourcen zur Neige gehen, deshalb – siehe die Entwicklung auf den Ölmärkten – immer teurer werden und wachsende internationale Spannungen hervorrufen. Solche Schäden sind soziale Kosten. Sie können nur vermieden werden durch den Wechsel zu heimischen, unabhängig verfügbaren, erneuerbaren Ressourcen. Die Atomenergie ist keine Antwort. Gestern war der 22. Jahrestag der Atomkatastrophe in Tschernobyl. Österreich ist bereits atomfrei. Die SPD hat diese Entwicklung für Deutschland auf den Weg gebracht. Dabei muss es bleiben. Wenn wir die Gesellschaft zukunftsfähig halten und die Wirtschaft erneuern wollen, dann spielen die erneuerbaren Energien dafür die wegweisende Rolle.

Liebe Genossinnen, liebe Genossen:
die von mir skizzierte Soziale Moderne ist das politische Projekt, das auf die Tradition und die anzustrebende Zukunftsrolle der sozialdemokratischen Parteien zugeschnitten ist. Es verknüpft die alten und die neuen sozialen Fragen in undogmatischer Weise und es erweitert damit den Begriff „links“ neu.

Wesentliche Elemente dieses Projekts prägten den hessischen SPD-Landtagswahlkampf und brachten der SPD den größten Zugewinn an Wählern seit vielen Jahren. Wir sind in allen Altersgruppen bis 60 Jahre auf Platz eins. Bei den ganz Jungen, bei den Frauen, bei Arbeitnehmerinnen und Arbeitnehmern, bei den Selbstständigen, bei den Beamten lagen wir weit vorne. Wir haben in der soziologischen Mitte der Gesellschaft überzeugt. Genau das ist doch die Aufgabe, die wir als sozialdemokratische Volkspartei haben.

Ein Schwerpunkt dafür ist in meinem Programm ein flexibles Bildungssystem mit individueller Förderung und langem gemeinsamen Lernen in einer Ganztagsschule; Chancengleichheit für alle Kinder und Jugendliche unabhängig vom Geldbeutel der Eltern. Mit einer neuen Energiepolitik, die uns unabhängig macht von den großen fossilen und atomaren Kraftwerken. Mit der Stärkung der Rechte der Arbeitnehmerinnen und Arbeitnehmer. Wir brauchen starke Gewerkschaften und mehr Mitbestimmung. Für uns ist nicht alles sozial, was Arbeit schafft. Wir wollen gute Arbeit und dazu gehört an erster Stelle ein gesetzlicher Mindestlohn. Das sehen nicht nur wir so und diejenigen, die konkret davon betroffen sind. Das sieht eine gesellschaftliche Mehrheit in Deutschland so und deswegen haben wir im hessischen Wahlkampf mit großer Resonanz Unterschriften für einen gesetzlichen Mindestlohn gesammelt. Ihr seht, wir haben in Hessen mit einem breiten Ansatz sozialer Gerechtigkeit bei den Wahlen gepunktet.

Gestattet mir einen kurzen Exkurs zur Abschaffung der Studiengebühren in Hessen, weil ich weiß, dass das auch ein Thema in Österreich ist, mit der Bitte es nicht als Einmischung in interne Angelegenheiten zu verstehen. Wir haben die Wahlen in Hessen – vor allem auch bei der jungen Generation – gewonnen, weil wir klar versprochen haben, die Studiengebühren abzuschaffen. Gute Bildung kostet Geld und es darf nicht das Geld der Eltern sein, denn Bildung ist ein Grundrecht. Bildung entscheidet nicht nur über die Zukunft jedes Einzelnen, sondern über die Zukunftsfähigkeit unserer Gesellschaft insgesamt. Wir brauchen mehr nicht weniger gut ausgebildete junge Menschen. Deswegen haben wir mit der parlamentarischen Mehrheit von Grünen und Linkspartei in der vorletzten Woche die Studiengebühren in Hessen wieder abgeschafft.

Soweit zum Projekt der „Sozialen Moderne“. Aber das kann und soll nur ein Anfang sein für eine Neubestimmung sozialdemokratischer Zukunftsorientierung. Wichtig ist, den Ansatz der Sozialen Moderne auch grundsätzlich zu verankern. Das neue Grundsatzprogramm, das sich die SPD auf ihren Hamburger Bundesparteitag im letzten Herbst gegeben hat, weist in die richtige Richtung. Auch im deutschen Bundestagswahlkampf im nächsten Jahr muss dies zum roten Faden unserer Politik werden. Runter gebrochen auf einzelne bundespolitische Politikfelder heißt das:

- wir wollen über das Ende der Zweiklassenmedizin zugunsten einer Solidarischen Bürgerversicherung reden.
- wir wollen über Chancengleichheit und Bildungsgerechtigkeit reden.
- Wir wollen Armut und insbesondere Kinderarmut bekämpfen und das Auseinanderdriften von Arm und Reich beenden.
- Wir wollen, dass sich Leistung und nicht Herkunft lohnen. Wir wollen Chancengleichheit herstellen.
- Wir wollen soziale, wirtschaftliche und kulturelle Lebensmöglichkeiten für die Menschen in diesem Land sichern.

Die Arbeitnehmerinnen und Arbeitnehmer, von der Verkäuferin im Supermarkt bis zur Bankangestellten, brauchen eine Sozialdemokratie, die wirksam für ihre Interessen streitet. Das gilt ebenso für die vielen Selbstständigen, die wissen, dass unser Wirtschafts- und Umweltprogramm unsere Industrie globalisierungsfähig hält und zugleich die regionale Wirtschaft belebt und dauerhaft stabilisiert. Das gilt für die Eltern, die die beste Bildung für ihre Kinder beanspruchen können.

Liebe Genossinnen, liebe Genossen: wir werden nächstes Jahr auch einen gemeinsamen Wahlkampf führen. Wir werden bei den Wahlen zum Europäischen Parlament für eine starke Sozialdemokratie kämpfen:

- Ich bin mir sicher, dass das von mir beschriebene Projekt einer Sozialen Moderne zu allererst auch für Europa gelten muss. Hier muss die konservativ-neoliberale Mehrheit gebrochen werden.
- Ich bin mir sicher: Wir werden die Europawahlen nur gewinnen, wenn wir den Menschen in Deutschland, Österreich und den anderen europäischen Ländern vermitteln können, dass wir, die europäische Sozialdemokratie für ein sozialökologisch ausgerichtetes Europa stehen.

In diesem Sinne:

Lasst uns gemeinsam kämpfen für diese Idee der Sozialen Moderne! Damit haben die Sozialdemokraten die Antworten auf die Fragen der Zeit! Dann zieht diese neue Zeit mit uns!

„Eine ‚Tunix-Strategie' ist keine Alternative"

Parteirat der hessischen SPD, Frankfurt, 3.9.2008

Wir sind hier zusammen, um gemeinsam über die politische Lage in Hessen und über daraus von uns zu ziehenden Konsequenzen zu sprechen. Es geht dabei um die Kernfrage unseres politischen Handelns: Wie können wir das höchstmögliche Maß unserer politischen Ziele durchsetzen, für die wir in den hessischen Landtagswahlkampf gezogen sind? Für unsere Ziele stehen wir im Wort bei den vielen hessischen Wählerinnen und Wählern, die nicht nur die Regierung *Koch* klipp und klar abgewählt haben. Die Mehrheit hat für die überfällige Politikwende in Hessen gestimmt!

Wir leben in einer parlamentarischen Demokratie. In dieser bestimmen nicht die stets wetterwendischen und „unheimlich" erhobenen laufenden Meinungsumfragen den politischen Kurs eines Gemeinwesens – und schon gar nicht solche mit einseitigen und zweifelhaften Fragestellungen. In der parlamentarischen Demokratie gilt allein das geheim abgegebene Votum der Wählerinnen und Wähler am Wahltag, an dem ein Mandat für die Dauer einer Legislaturperiode erteilt wird.

Die hessische CDU unter Führung *Kochs* hat am Wahltag zwölf Prozent verloren. Wir haben acht Prozent hinzugewonnen und damit einen vorherigen 20-Prozent-Vorsprung der CDU egalisiert. Die CDU und die ihr vasallenhaft anhängende hessische FDP haben zusammen nur 46,3%. Die SPD und die ebenso wie wir für die Abwahl der *Koch*-CDU eintretenden Grünen und die Linkspartei erhielten zusammen 49,3%. Daran kann niemand rütteln, weder forsa noch irgendein anderer. Weil bisher aus der politischen Mehrheit gegen die abgewirtschaftete CDU-Regierung noch keine Regierungsmehrheit gebildet werden konnte, hat Hessen eine geschäftsführende Landesregierung ohne demokratisches Mandat. Dieser Zustand muss so schnell wie möglich beendet werden, wenn wir die verfassungsgemäße Demokratie ernst nehmen und die Politikstarre in Hessen überwinden wollen. Elementare Grundvoraussetzung für eine stabile Demokratie ist, dass die gewählte Mehrheit und nicht die Minderheit regiert. Dies ist nach Sinn und Text der hessischen Landesverfassung selbstverständlich. Es ist unsere Aufgabe, dies auch in der politischen Praxis des Landes selbstverständlich zu machen.

Die SPD als älteste deutsche Partei war nicht nur die Wegbereiterin der Demokratie in Deutschland, sondern stets auch ihre Wächterin. Aus der gewählten Mehrheit auch eine regierungsfähige zu machen, liegt deshalb im demokratischen Staatsinteresse **und** im Interesse unserer Partei. Wir sind für einen grundlegenden Politikwechsel in Hessen angetreten, der aber ohne Regierungswechsel nur in Bruchstücken möglich ist. Das haben die fünf Monate seit dem Beginn der Legislaturperiode gezeigt.

Die nur geschäftsführende Landesregierung *Kochs* ist noch nicht einmal vergleichbar mit der geschäftsführenden Landesregierung, wie sie in den 80er Jahren von Holger Börner geführt wurde. Holger Börner hatte seinerzeit keine untereinander einigungsfähige Mehrheit im Landtag gegen sich. Jetzt steht der geschäftsführenden Landesregierung eine prinzipiell einigungsfähige Mehrheit im Landtag gegenüber, wie viele Abstimmungen im Landtag bewiesen haben.

Für die geschäftsführende Landesregierung, *Koch* hätte es sich deshalb gehört, dass sie sich parteipolitisch neutral verhält und Mehrheitsbeschlüsse respektiert. Sie hat aber weder das eine noch das andere getan, obwohl dies Herr *Koch* in seiner Regierungserklärung versprochen hat, als er sich – wie ich es in der Debatte zur Regierungserklärung sagte – wie ein „kreidefressender Wolf im Schafspelz" aufführte. Herr *Koch* reklamiert als geschäftsführender Ministerpräsident für sich eine höhere Verantwortung für das Land als er der Mehrheit im höchsten Verfassungsorgan des Landes – das ist der Landtag – zugestehen will. Er macht unverhohlen Parteipolitik für die CDU, die sich im Landtag immer noch als Regierungspartei aufspielt. Und er weigert sich, Mehrheitsbeschlüsse des Landtags umzusetzen, soweit diese nicht per Gesetz erzwungen werden können.

Weil der Mehrheitswille der Wählerinnen und Wähler der Politikwechsel ist, müssen wir jetzt den Regierungswechsel versuchen! Das ist das große und überragende Wahlversprechen, für das wir einstehen und das wir einlösen müssen!

Nur von einer Partei, die eine absolute Mehrheit hat, kann man erwarten, dass sie jedes einzelne gegebene Wort tatsächlich einlösen kann. Die Regierung *Koch* hat jedoch in den fünf Jahren, in denen sie mit absoluter Mehrheit regierte, sogar das Gegenteil des von ihr Versprochenen gemacht: Ansteigen statt Abbau der Staatsverschuldung. Nachtflugerlaubnis statt Nachtflugverbot. Verschlechterung statt Verbesserung der Lebenssituation von Familien. Vernachlässigung statt Verbesserung der Polizeidienste und damit der inneren Sicherheit. Ausdünnung statt Ausweitung der Bildungskapazitäten. Verhinderung aktiven Klimaschutzes statt aktiver Klimavorsorge.

Weil wir keine absolute Mehrheit haben und unser Ziel einer alleinigen rot/grünen Mehrheit im Landtag knapp verfehlten, können wir nicht alles einlösen, was wir versprochen haben. Wir müssen also zwangsläufig Abstriche mache, um dem Wählerwillen nach einem Politikwechsel gerecht zu werden. Aber wir müssen und wollen davon so viele Ziele wie irgend möglich umsetzen. Das haben wir in den letzten fünf Monaten vielfach praktisch bewiesen. Dennoch bleibt das ohne Regierungswechsel zwangsläufig unvollkommen und unbefriedigend. Um diesen Zustand zu überwinden, können wir jedoch leider ein Wort nicht halten – nämlich das einer Regierungsbildung ohne Zusammenarbeit mit der Linkspartei.

In meiner Rede auf dem Hanauer Landesparteitag am 29. März habe ich eingestanden, dass es ein Fehler war, dies auszuschließen. Es gab Gründe dafür, vor allem den, auf eine alleinige rot/grüne Mehrheit zu setzen. Fast wäre uns das gelungen – und wahrscheinlich wäre es auch gelungen, wenn es nicht wenige Tage vor der Landtagswahl am 27. Januar den unverhohlenen Aufruf eines ehemaligen stellvertretenden SPD-Vorsitzenden zur Nichtwahl der hessischen SPD gegeben hätte. Dieser Aufruf war ein bisher einzigartiger Solidaritätsbruch.

Das Ergebnis der Landtagswahl, das alle respektieren müssen, zeigt zweierlei:

Erstens: *Koch* darf unter keinen demokratischen Umständen Ministerpräsident bleiben! Das „System *Koch*" soll Hessen nicht länger regieren dürfen!

Zweitens: Die Bildung einer neuen Regierung ist weder uns noch irgendeiner anderen Partei ohne Abstriche von Koalitionsaussagen und von eigenen Politikvorhaben möglich.

Wir haben deshalb zunächst unsere Absage an eine Kooperation mit der Linkspartei durch mehrfache Angebote an die FDP für eine Ampelkoalition einzuhalten versucht – wohlwissend, dass wir dafür erhebliche Abstriche an unseren Zielen eines Politikwechsels hätten in Kauf nehmen müssen. Die in höhnischem Ton erfolgte Weigerung der FDP, darüber auch nur zu reden, haben jedoch weitere Versuche für die SPD unzumutbar gemacht.

Eine Große Koalition mit der *Koch'schen* CDU haben wir nicht versucht, und auch unser Hanauer Parteitag hat dem eine klare Absage erteilt. Sie hätte für die SPD zwei eklatante sogenannte Wortbrüche bedeutet: Weder wäre dadurch *Koch* abgelöst worden, noch hätten wir den Politikwechsel einlösen können. Dafür sind wir unter keinen Umständen gewählt worden! Wir sind aber auch keinesfalls dafür gewählt worden, eine geschäftsführende Regierung *Koch* dadurch indirekt zu tolerieren, dass wir die mögliche Ablösung nicht einmal versuchen!

Unser *zentraler Wählerauftrag* ist also der Regierungswechsel, um den Politikwechsel tatsächlich vollziehen zu können! Die Zeit dafür ist jetzt reif! Dafür müssen wir jetzt die Initiative ergreifen! Das sind wir denjenigen schuldig, die uns mit unserem klar profilierten Programm gewählt haben und wollen, dass die schwarze Nacht in Hessen zu Ende geht. Das sind wir uns selbst schuldig, trotz aller damit verbundenen Schwierigkeiten und gegen alle Widerstände!

Ja, wir müssen dafür Abstand nehmen von der Absage an eine von der Linkspartei tolerierten Regierungsbildung. Wir können und wir dürfen allerdings die Bildung einer von uns geführten Regierung nur dann umsetzen, wenn es dafür verlässliche Mehrheiten gibt. Welche Voraussetzungen dafür für uns unerlässlich sind, werden wir jetzt ausloten. Die Regionalkonferenzen der hessischen SPD dienen dieser Meinungs- und Willensbildung. Und sie dienen dazu, diesen Versuch allen Parteimitgliedern und der Öffentlichkeit verständlich und nachvollziehbar zu machen.

Hessen ist in einer politischen Ausnahmesituation, nicht nur wegen des Wahlergebnisses. Auch die politische Haltung der hessischen CDU unter dem

„System Koch" ist ein Ausnahmefall in der CDU. Hinzu kommt, dass die FDP der CDU nirgendwo so verschworen ist wie hessische.

Wie geheuchelt die lautstarken Wortbruchkampagnen der hessischen CDU und FDP uns gegenüber sind, zeigt sich an ihren wortbrüchigen Umwerbungsversuchen der Grünen für eine Jamaika-Koalition. Es ist mehr als scheinheilig, wenn aktive Wortbrecher anderen im selben Atemzug einen Wortbruch vorhalten. Dass jetzt gar der Niedergang Deutschlands beschworen wird, wenn die Linkspartei eine rot/grüne Koalition in Hessen tolerieren würde, ist nur noch lächerlich und ein gespenstisches Armutszeugnis für diejenigen, die so reden.

Es kann und darf nie sein, dass die SPD nur solche Regierungsbildungen vornimmt, die uns die selbsternannten bürgerlichen Parteien erlauben – und das mit einer Wortwahl ohne jeden bürgerlichen Anstand. Und wir verbitten uns die scheinheiligen Warnungen vor kommunistischen Umtrieben, die an die 50er und 60er Jahre des Kalten Krieges gegen einen Ostblock anknüpfen, der sich längst aufgelöst hat. Es sind Warnungen von Parteien, die sich 1990 schamlos die Blockparteien der SED einverleibt haben samt ihrer Stasi-Mitarbeiter.

Die CDU hat 1958 – dreizehn Jahre nach Kriegsende – in Baden-Württemberg mit *Kiesinger* ein ehemaliges NSDAP-Mitglied zum Ministerpräsidenten und diesen 1966 – 21 Jahre nach Kriegsende – zum Bundeskanzler gemacht. Eine solche Partei hat keine Rechtfertigung über Leute aus Ostdeutschland herzuziehen und sie anhaltend ächten zu wollen, die vor achtzehn Jahren SED-Mitglied waren. Auch diesen muss man Lernprozesse zubilligen, und es geht nicht einmal darum, einen davon zum Regierungschef zu wählen. Und schon gar nicht sollten wir das denunziatorische Spiel mitmachen, Menschen aus Westdeutschland, die bis vor kurzem noch Sozialdemokraten waren und uns leider verlassen haben, zu Altkommunisten zu stempeln.

Offenkundig ist, dass die Schnittmengen der Wahlprogramme von SPD, Grünen und Linkspartei in Hessen größer sind als die einer dieser Parteien mit der CDU und der FDP. Ob daraus realisierbare – d.h. vor allem finanzierbare – Politikkonzepte werden können, wird sich zeigen. Der reale Spielraum der öffentlichen Kassen ist ein praktischer Lehrmeister für alle.

Was wir versuchen, ist kein Modellprojekt für die Bundesrepublik Deutschland. Es ist auch kein Muster für die Bundestagswahl. Es ist ein Projekt für Hessen in der konkreten Situation Hessens.

Dieser Versuch gleicht demjenigen, den *Holger Börner* vor einem Vierteljahrhundert machte. Die Kampagnen dagegen waren wortgleich dieselben. Es gab aber einen Unterschied: *Holger Börner* hatte dabei Rückendeckung der gesamten SPD-Spitze, von *Willy Brandt* bis zu seinen Stellvertretern *Johannes Rau* und *Hans-Jochen Vogel*. Wir wären schon zufrieden, wenn die Störtöne aus Teilen der SPD und von außerhalb Hessens unterlassen würden.

Solche Töne verraten einen doppelten Maßstab: Warum soll in Hessen prinzipiell tabu sein, was in Berlin, der Stadt der Mauer, in Mecklenburg-Vorpommern oder Sachsen-Anhalt bereits erfolgte? Ich danke ausdrücklich *Kurt Beck*, von dem wir uns unterstützt fühlen können. Er hat in der letzten Parteivorstandssitzung klargemacht, dass sich niemand in der SPD vorstellen kann, dass *Koch* im Amt bleiben dürfte. Und ich danke der überwältigenden Mehrheit des Parteivorstands, die schon im Februar entschieden hat: Jeder SPD-Landesverband in jedem Bundesland entscheidet in Eigenverantwortung über Regierungsbeteiligung, nach Lage der konkreten Dinge. Wir brauchen keinen Vormund.

Eine „Tunix-Strategie" ist keine Alternative. Politik heißt handeln statt Nicht-handeln, Initiative ergreifen statt sie *Koch* zu überlassen. Wenn sich *Koch* deshalb öffentlich um das Schicksal der SPD sorgt, dann ist das eine seltsame Umschreibung seiner einzigen Sorge, die er hat – die um seine Machterhaltung. Die bundesweite Diskussion in der SPD um die Regierungsbildung in Hessen hat der Partei sicher nicht genutzt – aber in erster Linie deshalb, wie sie in der Öffentlichkeit **über** die hessische SPD geführt wurde, statt sie konstruktiv und mit Augenmaß **mit** uns zu führen.

Wir haben in Hessen gezeigt, wie die SPD aus äußerst schwieriger Ausgangslage Wahlen gewinnen kann. Andere in der SPD können von uns mehr lernen als wir von ihnen. Wir haben das nicht erreicht mit einem Programm des „allen wohl und niemandem weh", sondern mit praktischen Zukunftsperspektiven, die vielen Menschen neue Hoffnung geben.

Wir haben gezeigt, wie mit bekämpften Ansätzen neue Mehrheiten möglich werden und die jüngere Generation für die SPD wiedergewonnen werden kann. Wir haben gezeigt, dass wir standfest und konfliktfähig sind.

Mit unserem Konzept der „Sozialen Moderne" haben wir gezeigt, wie die Gesellschaft zukunftsfähig wird und die SPD der politische Zukunftsträger sein kann.

Mit dieser Motivationskraft gewinnen wir die Überzeugungskraft, mit der wir den Versuch des Regierungswechsels wagen müssen. Ich bin überzeugt, er wird den Menschen in Hessen nutzen, und er wird der SPD insgesamt nutzen!

Erinnern wir uns an den Landtagswahlkampf. Wir waren erfolgreich, weil wir mit Zukunftsmut und Selbstbewusstsein ans Werk gegangen sind. So können wir auch eine erfolgreiche Regierungsbildung und Regierungsarbeit vollbringen!

„Die hessische SPD ist immer mutig gewesen, neue Wege einzuschlagen"

Hessischer SPD-Landesparteitag, Rotenburg, 4.10.2008

Am 2. Dezember 2006, als der SPD-Landesparteitag mich an diesem Ort zur Spitzenkandidatin für die Landtagswahl wählte, habe ich versprochen: Wir setzen die Themen! Wir machen Hessen wieder zukunftsfähig! Wir sind der politische Anwalt für soziale Gerechtigkeit! Wir wollen und werden das sozialdemokratische Stammland Hessen zurückgewinnen! Nicht aus Selbstzweck, sondern für das Gemeinwohl der Menschen! Wir greifen an!

Genau das haben wir auch getan. Wir haben geliefert und wir waren erfolgreich. Aber die letzte Etappe dieses zweijährigen Weges müssen wir noch bewältigen: Den Regierungswechsel für den von uns eingeleiteten Politikwechsel in Hessen! Die damalige Entscheidungslage ist mit der heutigen nicht vergleichbar. Aber eine Parallele gibt es doch: Vor und nach dem Rotenburger Parteitag 2006 hat die überwältigende Mehrheit der Medien geschrieben und gesendet, die zerstrittene SPD habe keine Chance gegen den als unschlagbar geltenden *Roland Koch* – und schon gar nicht mit mir als Spitzenkandidatin!

Wir haben gezeigt, wie man aus einer aussichtslos scheinenden Position heraus die CDU in die Schranken weisen kann! Mit einer Vorstellung von Bildungspolitik, die gerecht und ganzheitlich ist. Mit einer zukunftsweisenden Wirtschafts- Energie- und Umweltpolitik und mit glaubwürdigem Einsatz für gerechtere Arbeits- und Lebensverhältnisse. Wir haben gezeigt, wie man gegen alle negativen Trends und gegen den parteipolitischen Bundestrend Wahlerfolge erringen kann!

Wir haben Zukunftswege gezeigt, die vielen Menschen neue politische Hoffnungen auf eine Verbesserung ihrer Lebensverhältnisse geben! Und wir haben gezeigt, dass parteiinterne Diskussionen eben nicht Zerstrittenheit sind, sondern Ausdruck verantwortungsvollen Ringens um den richtigen Weg. Wir haben gezeigt, dass wir nach Diskussionen geschlossen dastehen und alle an einem Strick ziehen.

Viele wollen bis heute nicht zur Kenntnis nehmen oder vergessen machen: Wir haben bundesweit den erfolgreichsten Wahlkampf der SPD seit langer Zeit geführt: Fast acht Prozent Zuwachs für uns – trotz der neuen Konkurrenz durch die Linkspartei. Wir haben gezeigt, wie die SPD als linke Volkspartei wieder erfolgreicher werden kann!

Der Auftrag der Wählerinnen und Wähler ist es unsere Wahlaussagen jetzt auch in praktisch vorzeigbarer Politik umzusetzen!

Diesem Auftrag müssen und wollen wir uns stellen.

In der parlamentarischen Demokratie entscheiden nicht vorübergehende Meinungsumfragen, sondern die Wählerinnen und Wähler am Wahltag, wer die Mehrheit stellt. Und es ist die Aufgabe der Parteien und Fraktionen, konstruktiv mit dem Wahlergebnis umzugehen und daraus eine möglichst stabile Regierung zu bilden. Der heutige Parteitag soll das einleiten. Ich bin optimistisch, dass es uns gelingt!

Wir sind für unser Vorhaben in den letzten Wochen auf den vier Regionalkonferenzen nachhaltig ermutigt worden. Schon dieses Vorgehen markiert einen wesentlichen Unterschied in der politischen Kultur zur hessischen CDU unter dem „Anführer" *Roland Koch*, an der sich in den letzten nun schon fast zehn Jahren im Kern nur eines geändert hat: Früher tagte sie auf einer Autobahnraststätte, seit 1999 im Kabinettssaal der hessischen Staatskanzlei. Wir haben demgegenüber mit unseren Mitgliedern ausführlich diskutiert, wohin die Reise geht und wie wir sie angehen können. Ja, wir haben das hinter verschlossenen Türen gemacht, weil wir eine wirklich offene Diskussion ohne taktische Schaufensterreden wollten. Alle Teilnehmer können bestätigen, dass dabei die überwältigende Mehrheit der Beteiligten der Auffassung sind: Wir sollten das tun. Man kann es auch zugespitzter formulieren: *Roland Koch* bestimmt nach wie vor, was und wie die hessische CDU zu denken hat. Der Landesvorstand der hessischen SPD fragt seine Partei, und der Parteitag entscheidet!

Der Landesvorstand empfiehlt euch heute die Aufnahme von Koalitionsverhandlungen mit der Partei Bündnis 90/Die Grünen mit dem Ziel eine Minderheitsregierung zu bilden, die von der Partei Die Linke unterstützt wird.

Ich will das im Folgenden ausführlich begründen:

Wir stehen heute vor der gleichen Weichenstellung wie im März dieses Jahres nach der Wahl. Ich gestehe ein, dass wir damals sensibler mit der Willensbildung in der Partei hätten umgehen müssen. Eine Reihe von Genossinnen und Genossen hat dies bei den Regionalkonferenzen noch einmal thematisiert. Im Frühjahr haben wir zu hastig und ohne ausreichende Beteiligung der Partei einen Kurswechsel vollzogen, das war ein Fehler. Aber wir haben daraus gelernt und wir haben jetzt gemeinsam den Prozess so gründlich und so breit angelegt, dass sich alle einbringen konnten.

Die politische Lage hat sich inzwischen verändert und wir sehen noch deutlicher als im Frühjahr, warum der Politikwechsel ohne einen Regierungswechsel unerreichbar ist. Wir haben zwar aus dem Parlament heraus einige unserer Projekte auf den Weg gebracht. Aber wir haben auch festgestellt, dass wir ohne eine Regierung immer wieder an unsere Grenzen der politischen Gestaltung kommen.

Und natürlich waren die CDU und *Koch* nicht untätig, ihrerseits eine Mehrheit zu suchen. Am Anfang stand zunächst – weit weniger kritisch kommentiert als bei der hessischen SPD – der Koalitionswortbruch des geschäftsführenden Ministerpräsidenten und der hessischen CDU. Nachdem zunächst eine Minderheitenregierung von der SPD nicht weiterverfolgt wurde, bot *Roland Koch* den Ausweg nach Jamaika an. Genau denen Grünen, die er noch im Wahlkampf als linkesten Landesverband bezeichnet hatte, genau jenem *Al-Wazir*, den er noch im Wahlkampf auf Plakaten stoppen wollte!

Der andere Versuch von *Roland Koch* bestand darin, sich als Partner des Parlaments zu stilisieren. Und für Jamaika und neue Partnerschaften entdeckte die hessische CDU sogar eine nachhaltige Klimapolitik. Die CDU und *Koch* verschweigen, dass wir diese Politik längst in gesellschaftlicher Praxis haben könnten, wenn sie nur endlich von ihrer bornierten und ideologisch motivierten Einstellung Abstand genommen hätte. Und wie das in der Praxis mit Nachhaltigkeit aussieht, können die Marburger gerade live miterleben. Wenn eine Stadt wie Marburg den Mut hat, in das Solarzeitalter aufzubrechen, findet sich sofort schwarzer Regierungspräsident, der das stoppen will.

Deshalb kann ich zu dem heuchlerischen Geschrei der CDU heute nur sagen: Wer wie die hessische CDU eine katastrophale Wahlniederlage ignoriert, wer als Ministerpräsident nicht mit Anstand zurücktritt, unaufgeklärte Spendenaffären, die höchste Verschuldung in der Geschichte Hessens, eine gescheiterte Bildungspolitik und eine ungerechte Sozial-, Wirtschafts- und Arbeitnehmerpolitik zu vertreten hat, der soll sich gefälligst zurückhalten, Sozialdemokraten in moralisch zu belehren.

Genossinnen und Genossen: diese CDU hat in sechs Monaten nichts gelernt. Zwar erklärt *Koch*, die Studiengebühren nicht wieder einführen zu wollen. Gleichzeitig zwinkert er auf dem rechten Auge mit der FDP, weil er weiß, dass sie sofort mit dabei wäre die Studierenden wieder zahlen zu lassen. Zwar spricht die CDU von Einsicht in der Schulpolitik, aber die Probleme im neuen Schuljahr sind dieselben wie unter *Karin Wolff*. Zwar spricht die CDU neuerdings auch von sozialer Gerechtigkeit, aber bei Pendlerpauschale, Mindestlohn und Tarifsicherheit praktiziert sie eine ganz andere Politik.

Assistiert wird der hessischen Union von der FDP, die sich irgendwo im Nirwana vor Jamaika befindet und als eigenen Notausgang nur noch Neuwahlen propagieren kann. Dieselbe FDP, die Neuwahlen fordert, hat sich im April als zynischer Totalverweigerer geriert. Dieselbe FDP, die Glaubwürdigkeit vor sich herträgt, hat schon die Flüge nach Jamaika gebucht und das auch noch als Dienstreise.

Demgegenüber gab und gibt es auf der anderen Seite des Parlaments eine gesellschaftliche Mehrheit diesseits von Union und FDP. Diese Mehrheit hat die Studiengebühren wieder abgeschafft! Diese Mehrheit hat dafür Sorge getragen, dass die Angestellten des öffentlichen Dienstes des Land Hessen wieder einen ordentlichen Tarifvertrag haben, obwohl wir noch viel lieber als Land in die Tarifgemeinschaft der Länder zurückgekehrt wären. Und diese Mehrheit wäre dafür geeignet, eine andere Bildungs-, eine andere Energie- und eine andere Wirtschafts- und Sozialpolitik für Hessen zu gestalten!

Es gehört in diese Analyse, auch unsere eigenen Handlungen selbstkritisch hinterfragen. Auf dem Hanauer Parteitag Ende März habe ich mich zu dem Fehler bekannt, dass wir vor der Landtagswahl eine Regierungsbildung unter Mitwirkung der Linkspartei ausgeschlossen haben.

Um dem zu entsprechen, haben wir nach der Wahl der FDP das Angebot einer Ampelkoalition gemacht – obwohl wir dafür wahrscheinlich erhebliche Abstriche vom Ziel des Politikwechsels hätten in Kauf nehmen müssen. Doch nach der mehrfachen brüsken Weigerung der FDP war uns ein weiterer Versuch nicht mehr zumutbar. Der Stolz der SPD als der ältesten demokratische Partei Deutschlands verbietet es, sich von einem Herrn *Hahn* brüskieren zu lassen! Wer behauptet, wir hätten keinen ernsthaft gemeinten Versuch zu einer Ampel unternommen, betreibt bewusste Geschichtsklitterung oder hat ein allzu kurzes Gedächtnis.

Dann empfahlen uns manche die Große Koalition mit der *Koch*-CDU! Dazu sage ich: damit hätte sich die hessische SPD weit mehr von ihren Wahlaussagen – und vom Wählerwillen – entfernt als durch unser Vorhaben!

Dann hätten wir nicht nur *Koch* für den Rest der Legislaturperiode stabilisiert, sondern wir hätten auch den Politikwechsel geopfert. Das kann ernsthaft niemand von uns erwarten. Wir stehen im Interesse unserer Wählerinnen und Wähler und der Bürgerinnen und Bürger für unsere Inhalte und nicht für die Bequemlichkeit einer großen Koalition. Und zu der Forderung der FDP nach Neuwahlen sage ich nur: Die Bürgerinnen und Bürger können erst einmal erwarten, dass sorgfältig geprüft wird, was mit diesem Wahlergebnis möglich ist. Erst wenn wir feststellen sollten, dass damit der Regierungswechsel nicht möglich wäre, sind Neuwahlen die letzte Lösung, um Hessen aus der Regierungsstarre herauszuführen. Wobei ich hinzufüge: Die hessische SPD hat keine Angst vor einer Neuwahl. Denn dann würden wir wieder über zentrale Inhalte streiten und nicht um Machtspiele, ob durch *Koch*, die CDU oder andere. Es ist bemerkenswert, dass Herr *Koch* und die hessische CDU selbst bei fragwürdigen Umfragen bis heute keine nennenswerten Zuwächse gegenüber der Landtagswahl erzielen konnten.

Genossinnen und Genossen: Minderheitsregierungen waren in Deutschland bisher eine seltene Ausnahme. Es kann aber sein, dass sie in einem System von fünf Parteien (oder gar mehr) künftig öfter vorkommen. In den skandinavischen Ländern, die als besonders reife Demokratien gelten, sind sie eher ein Normalfall. Schweden wurde sozialdemokratisches Musterland mit einer Regierung, die jahrzehntelang von einer kleinen kommunistischen Partei toleriert werden musste. Ein *Zapatero* in Spanien regiert dieses Land seit über fünf Jahren mit einer Minderheitsregierung und praktiziert eine mustergültige erfolgreiche sozialdemokratische Politik!

Die Union lässt ja keine noch so heuchlerische Warnung aus, vor allem immer wieder die vor den bösen Kommunisten. Manchmal beschleicht einen das Gefühl, für die CDU ist der „Kalte Krieg" nicht nur Geschichte. Dabei war es doch die CDU, die sich die SED-treuen Blockparteien der ehemaligen DDR mit samt ihren Stasi Mitarbeitern und deren Vermögen einfach einverleibt hat.

Wenn mich eine (ehemalige) Politikerin der CSU – das als Generalsekretärin ein Minus von 17 Prozent mit eingefahren hat – davor warnt, dass *Oskar Lafontaine* der böse Wolf und *Andrea Ypsilanti* das Rotkäppchen sei, so kann ich ihr aus dem Brüder-Grimm-Land Hessen nur empfehlen, das Märchen zu Ende zu lesen. Dann wüsste sie, wer übrig bleibt. Vielleicht hat sie ja nach der verlorenen Wahl in Bayern Zeit, die Märchen mal sorgfältig zu lesen.

Genossinnen und Genossen!

Herr *Koch* sagt, die hessische SPD sei in einer Sackgasse. Ein Co-Autor von ihm sagt, wir hätten die Wahl zwischen Pest und Cholera. Wieder andere wollen nur mal ihre Meinung sagen. Darauf werde ich später noch zurückkommen. Die ganze Aufregung, die um unser Vorhaben in Hessen entfacht worden ist, hat einen Grund: Die Angst vor wirklicher Veränderung: Vor einer Politik, die ernst macht mit der Energiewende, die aus wirtschaftlichem, sozialem und ökologischem Grunde geboten und für die jeder Aufschub unverantwortlich ist – und die nicht mehr den Vorgaben der Energiekonzernen folgt. Vor einer Politik, die wieder zum Eckpfeiler sozialer Gerechtigkeit wird. Immerhin war die hessische SPD der erste Landesverband, der bereits vor Jahren den Mindestlohn gefordert hat. Vor einer Politik, die ernst macht mit einer Politik, die Arbeitnehmerrechte nicht hinter Kapitalinteressen stellt, die die neoliberale Manie der Deregulierung und der Privatisierung öffentlicher Infrastrukturen beendet und die den Kommunen wieder mehr Spielraum für eigene gemeinwirtschaftliche Initiativen verschafft. Das Desaster auf den Finanzmärkten zeigt doch: die neoliberale Ideologie ist nicht gesellschaftsfähig. Was bin ich vor einiger Zeit für meine Kritik an der Deutschen Bank gescholten worden! Die Politik solle sich gefälligst heraushalten, wenn Herr *Ackermann* tausende Arbeitsplätze vernichtet, um eine im internationalen Vergleich übliche Eigenkapitalrendite von deutlich über 20 Prozent zu erwirtschaften. Und ausgerechnet dieser Herr *Ackermann* steht heute in der ersten Reihe, wenn Banker jetzt Staatshilfe fordern. Ihr Ansinnen der Privatisierung der Gewinne und der Sozialisierung der Verluste ist blanker Zynismus.

Je mehr Menschen das erkennen, desto größer wird die Angst davor, dass die Mehrheit links von Union und FDP auch zu einer Politik für diese Mehrheit führt.

Diese Angst besteht, wenn wir aus der gegebenen Mehrheit eine tragfähige Politik machen. Das ist unsere Verantwortung – und ebenso die der Grünen und der Linkspartei. Diese Verantwortung bedeutet, dass nicht nur wir selbst, sondern auch die Grünen und die Linkspartei die Koalitions- und Kooperationsgespräche nicht mit kleintaktischen Parteispielen belasten dürfen. Die Verhandlungen und Gespräche müssen in gegenseitiger Achtung und Respekt geführt werden. Wir wissen, dass wir uns hier nicht auf einen Herbstspaziergang begeben. Wir haben nicht die absolute Mehrheit bei der wir alles alleine entscheiden. Die Programme von SPD und Grünen haben programmatische Nähe, aber sie sind nicht deckungsgleich. Schon alleine deshalb wird es harte Verhandlungen geben.

Dazu kommt, dass uns diese Landesregierung eine geplünderte Kasse hinterlässt. Und jeder, der es wissen will, weiß auch, dass die Krise des Finanzmarktes erhebliche Auswirkungen auf die öffentlichen Haushalte haben wird, gerade auch in Hessen. Das wird ganz eng. Aber eine rot-grüne Regierung kann sich national und europäisch dafür einsetzen, dass auf dem Finanzmarkt nicht nur Krisenbewältigung stattfindet, sondern die Märkte endlich ordentlich reguliert werden. Steuergelder dürfen nicht einfach den Banken ohne Bedingungen zur Verfügung gestellt werden. Wenn schon öffentliches Geld, dann auch gesellschaftliche Kontrolle und Mitsprache.

Diese großen Aufgaben dürfen nicht durch parteipolitisches Klein-klein aufs Spiel gesetzt werden. Das muss auch die Linkspartei wissen, wenn sie nicht nur Protestpartei oder soziale Wohlfühlpartei sein will. Ich bin übrigens sicher, dass die Bevölkerung weniger Angst vor der Linken hat als vielmehr vor den Lehmann Brothers und unfähigen Bankern.

Deshalb will ich dann schon noch einige Worte zur umstrittenen Linkspartei sagen: In der parlamentarischen Arbeit im Landtag stellen wir fest, dass sie sich bisher sehr wohl an Vereinbarungen gehalten hat. Und wir haben auch nicht den Eindruck, dass sich die Linken nicht an rechtsstaatliche und demokratische Grundregeln halten. Natürlich bezieht die Linkspartei in verschiedenen Punkten auch andere Positionen als die SPD oder die Grüne. Das alles ist relativ unspektakulär im Verhältnis zu dem, was in den 80er Jahren die ersten Parlamentarier der Grünen angestellt haben. Dass die Linkspartei – ebenso wie die Grünen – Positionen und Forderungen für Gespräche formuliert, ist weder ungewöhnlich noch verwerflich. Der Realitätssinn darf dabei nicht verloren gehen.

Für das gedeihliche Entstehen einer Koalition darf man nicht jeden Tag eine neue Detailforderung an die potenziellen Partner richten. Das gilt für uns und sollte auch für die Grünen gelten. Deshalb habe ich mich in den vergangenen Wochen bewusst in der öffentlichen Diskussion auf für uns besonders wichtige Eckpunkte beschränkt. Verhandelt wird im direkten Gespräch und nicht über Medien. Als Vorsitzende der größten Regierungspartei, die die größte Verantwortung für das Gesamte hat und die die Ministerpräsidentin stellen wird, stelle ich ausdrücklich fest: Unser Wahlprogramm ist ein Gesamtprojekt und ist aus einem Guss. Und wir können diesen Regierungswechsel nur wollen und nur machen, wenn der Politikwechsel sichtbar bleibt.

Dazu gehören unbedingt:

Wirtschaftspolitisch und im Interesse der Arbeitnehmerinnen und Arbeitnehmer, über die Rhein-Main-Region hinaus, ist der Ausbau des Frankfurter Flughafens unverzichtbar – und das ohne Zeitverzögerung. Wir stehen zum Mediationsergebnis, zu dem untrennbar das Nachtflugverbot gehört. Wenn ein vollständiges Nachtflugverbot ohne Gefährdung oder Verzögerung des Ausbaus möglich ist, werden wir alles versuchen, dies durchzusetzen. Die Region Nordhessen darf aber deshalb nicht vernachlässigt werde. Für die hessische SPD gibt es kein Hessenland erster und zweiter Klasse. Zu einer zukunftsfähigen wirtschaftlichen Entwicklung gehört auch eine wettbewerbsfähige Infrastruktur dazu. Deshalb werden wir mit harten Bandagen für die wirtschaftliche und verkehrstechnische Infrastruktur kämpfen. Und wer den Flugplatz Kassel-Calden für überflüssig hält, der muss erklären, was stattdessen stehen oder kommen kann. Die hessische SPD steht für alle Regionen in Hessen nicht für Partikularinteressen. Das muss jeder wissen.

Ein weiteres Essential betrifft unseren eng mit der Energiewende verbundenem Politikwechsel. Was wir für Hessen vorhaben, ist sehr ambitioniert. Und deshalb habe ich nicht irgendjemanden, sondern mit *Hermann Scheer* den klügsten und anerkanntesten Kopf für dieses Projekt in mein Zukunftsteam geholt. Und wenn wir über Glaubwürdigkeit, Überzeugungen und Haltungen reden, dann möchte ich an dieser Stelle ganz klar festhalten: Eine hessische Landesregierung mit der Ministerpräsidentin *Andrea Ypsilanti* wird es nur geben, wenn *Hermann Scheer* im Kabinett über ein Ressort verfügt, mit dem er die wirtschaftspolitische und energiepolitische Reformpolitik der hessischen Sozialdemokratie umsetzen kann!

Ich möchte eine Energiepolitik, die auf Atomkraft verzichtet, die Wind, Sonne, Wasser und Bioenergie und alle Effizienzsteigerungen voll ausschöpft und die Industrie, Mittelstand und regionales Wirtschaften fördert. Und ich bin mir sicher, dass wir innerhalb von fünf Jahren in dieser Republik diesem Feld Spitzenreiter werden. Würden wir unsere Politik nicht ernst meinen, würden wir das nicht wirklich wollen, dann könnten wir auch bequem in eine große Koalition gehen. Und weil wir die Soziale Moderne umsetzen wollen, bestehen wir auf einer anderen Bildungs- und Sozialpolitik. Wir wollen ein Haus der Bildung, weil wir endlich lernen müssen – im wahrsten Sinne des Wortes – kein Kind mehr zurück zu lassen. Eine Bildungspolitik, die Kinder qualifiziert, fördert und ihnen die Möglichkeit gibt, eine universelle Bildung zu erlangen. Und deshalb wollen wir nicht nur G 8 in seiner gegebenen Form abschaffen, sondern die Ganztagsschule in den Vordergrund stellen.

Eine Minderheitsregierung aus Sozialdemokraten und Grünen, wird auch im Bundesrat aktiv sein. Wir werden das Ziel des Mindestlohns dort so lange einbringen, bis es eine Mehrheit dafür gibt! Wir werden die Vermögenssteuer wieder auf die Tagesordnung bringen. Diese Gesellschaft kann nicht auf die Milliardenbeträge verzichten, die für fairen sozialen Ausgleich und für Bildung- und Infrastrukturinvestitionen dringend gebraucht werden.

Das alles sind Kernthemen. Damit gehen wir selbstbewusst, partnerschaftlich und mit großem Willen zur Einigung in die Koalitionsverhandlungen, wenn der Parteitag das heute so beschließt.

Um unser Vorhaben hat es in den letzten Monaten heftige Turbulenzen gegeben. Auch der SPD ist uns vieles laut entgegengehalten worden. Dazu will ich in aller Ruhe feststellen: Weder die hessische SPD noch ihre Vorsitzende waren oder sind beratungsresistent. Wir freuen uns über jeden gut gemeinten, konstruktiven und kreativen Ratschlag. Doch es war schon etwas kurios, wenn einige Genossen, die in anderen Bundesländern Minuswerte einfuhren, mitgeteilt haben, wie man Wahlen und dabei die Mitte gewinnt und was wir zu tun oder zu lassen hätten. Ich denke, da können manche Ratgeber mehr von uns lernen als wir von ihnen!

Und noch eines: Sozialdemokraten werden immer für das Recht auf freie Meinungsäußerung aller kämpfen. Aber bei einer freien Meinungsäußerung eines prominenten Sozialdemokraten über Soziademokraten, die im Wahlkampf stehen, kann ein Mindestmaß an Solidarität erwartet werden. Ein Aufruf zur Nichtwahl der SPD ist deutlich unter diesem Mindestmaß, und sei die Lebensleistung noch so groß. Und wenn wir schon von Lebensleistung reden: die SPD kann nur dann Wahlen gewinnen, wenn sie sich für die Lebensleistung aller Erwerbstätigen und Rentner einsetzt, einschließlich der vielen, die unverschuldet arbeitslos geworden sind – und nicht nur für die Lebensleistung ehemaliger Minister und heutiger Aufsichtsräte.

Und schließlich möchte ich auch ein paar Worte zur aktuellen Situation der Bundespartei sagen. Ich bin *Kurt Beck* dankbar, für den Hamburger Parteitag. Ich halte es für richtig, dass wir mit ihm den Begriff und die Idee des demokratischen Sozialismus nicht denjenigen als Verfügungsmasse überlassen haben, die vor 20 Jahren den demokratischen Sozialismus noch bekämpften. Und ich bin *Kurt Beck* dafür dankbar, wie er im hessischen Wahlkampf an unserer Seite stand. Und nicht zuletzt dafür, , dass er nach der Totalverweigerung der hessischen FDP den Weg für eine Minderheitenregierung akzeptiert hat. Das mag Kurt medial nicht immer geschickt gemacht haben. Es ist in der heutigen Medienwelt schwierig, ihren Anforderungen zu entsprechen. Und ich empfinde es als politisch und persönlich tragisch, unter welchen Umständen er den Parteivorsitz niedergelegt hat.

Mit unserem designierten neuen Vorsitzenden *Franz Müntefering* habe ich vor zwölf Tagen solidarisch über unser Vorhaben gesprochen. Nicht per Telefon und nicht durchs Radio, sondern Auge in Auge. Er steht dazu, dass die Entscheidung jedem Landesverband obliegt, ob und wie mit der Linkspartei kooperiert werden soll. Er will, dass dabei verantwortlich vorgegangen wird – und er weiß, dass wir das tun. Und ich habe ihm gesagt: Ich bin überzeugt davon, dass das Gelingen unseres Projekts der SPD bundesweit Auftrieb geben wird.

Liebe Genossinnen und Genossen: Die Union hat in diesem Jahr zwei Wahlen mit dramatischen Verlusten erlebt. Hessen minus zwölf Prozent, Bayern minus 17 Prozent. Da ist auch reichlich Merkel-Minus dabei gewesen. Auch wenn die Umfragen heute noch etwas anderes sagen: Wir haben bei der Bundestagswahl eine gute Chance und wollen sie mit *Frank-Walter Steinmeier* – der auch für uns in Hessen Wahlkampf gemacht hat – ergreifen. Wenn unser Vorhaben gelingt, wird es die erste rot/grüne Koalition sein, die es wieder in einem Flächenland gibt. Sie wird anknüpfen an die rot/grüne Ära auf der Bundesebene, die zu früh beendet wurde und deshalb unvollendet blieb.

Wir treffen eine hessische Entscheidung, die hessischen Wahlergebnissen Rechnung trägt. Sie sind insofern kein Modell für andere Länder oder den Bund. Die politischen Inhalte unserer Sozialen Moderne sind allerdings schon eine Empfehlung an andere und den Bund. Die rot/grüne Koalition, die wir für Hessen wollen, hat die Chance, dem sozialökonomischen und sozialökologischen Reformgeist in der Bundesrepublik neu zu inspirieren.

In diesem Geist müssen wir die Koalitionsverhandlungen führen – und nicht im eifersüchtigen und misstrauischen Hickhack, in dem das Augenmaß verloren wird, worum es wirklich geht. Das sage ich auch an die Adresse Aller. Ich glaube, dass die hessische SPD auf ihrem Weg – gemeinsam mit *Franz Müntefering* und *Frank-Walter Steinmeier* – wieder einen wesentlichen Beitrag für einen erfolgreichen Bundestagswahlkampf leisten wird. Ich darf erinnern, dass die Bundestagswahlen 2005 auch deshalb noch relativ erfolgreich waren, weil nach anfänglicher Ablehnung auf Bundesebene die Themen der hessischen SPD in den Mittelpunkt rückten. Auch im Bundestagswahlkampf 2009 wird es um die Themen gehen, die die hessische SPD zuerst in die Debatte gebracht hat. Die Frage, ob in Deutschland Mindestlöhne gezahlt werden. Die Frage ob es endlich eine solidarische Bürgerversicherung gibt. Die Frage gerechter Vermögensverteilung. Die Fragen einer gerechten Bildung für alle, der beschleunigten Energiewende gegen die Atomfixierung von Union und FDP. Ich will auf diesem Parteitag allen danken, die uns alle ermutigt haben. Ob auf dem Hessentag oder dem Tag der offenen Tür im Landtag haben viele Menschen ihre persönliche Solidarität und die Unterstützung unserer inhaltlichen Positionen spüren lassen – und ihre Hoffnung, dass wir die CDU und *Roland Koch* endlich ablösen. Ich war vor einigen

Tagen in Hanau zusammen mit dem IG-Metall-Bezirksleiter *Armin Schild* bei den Kolleginnen und Kollegen der Vakuum-Schmelze. Deren Tarifvertrag war von den Arbeitgebern einseitig gekündigt wurde, weil die Gelder fehlten, die eine Private Equity Gesellschaft aus dem Unternehmen quetschten. Sie wollten zwölf Millionen aus neuen Tarifverträgen herausquetschen. Ich habe mich im Namen der hessischen SPD mit den Kollegen solidarisch erklärt. Und als ich an diesem Morgen die Kolleginnen und Kollegen begrüßt habe, war sinnlich erfahrbar, was die Menschen von der hessischen Sozialdemokratie erwarten: Solidarität und Veränderung, Gerechtigkeit und Einsatz für die abhängig beschäftigten Menschen in dieser Gesellschaft.

Das ist es, was wir mit Sozialer Moderne wollen: Eine solidarische Mehrheit für eine Politik der sozialen Gerechtigkeit, der Bildung für alle und für eine dauerhaft gesicherte und gefahrenfreie Energieversorgung. Dafür lohnt es sich zu kämpfen, und dafür werde ich kämpfen.

Die hessische SPD ist in ihrer Geschichte immer mutig gewesen, neue Wege einzuschlagen. *Holger Börner* hatte es da ein bisschen einfacher, weil damals die gesamte Führung der Bundespartei von Anfang an und durchgängig zu ihm stand. Wir haben einen selbstbewussten Wahlkampf geführt, der uns jetzt ermöglicht, den Regierungsanspruch einzulösen. Jetzt gilt *Willy Brandt*: Die Mehrheit links der Union für eine andere Politik zu organisieren im Interesse der Menschen in diesem Land.

Natürlich ist unser Anlauf zur Koalitionsbildung für den dieser Parteitag grünes Licht geben soll, ein schwerer Gang. Die Bedingungen sind ungewöhnlich und die Widerstände sind groß.

Wir brauchen dazu all unsere Kraft und die wichtigste Kraft ist politischer Mut. Mut, liebe Genossinnen und Genossen, ist wie eine erneuerbare Energie. Mut hatte die hessische SPD mit *Holger Börner* als er in den achtziger Jahren die erste rot-grüne Koalition schmiedete. Zweifel, bei einem so schwierigen Projekt, hat selbstverständlich jeder. Aber jetzt heißt es: Abwägen und dann handeln. Das gilt gerade für wegweisende Entscheidungen, wie wir sie heute treffen. Alle großen politischen Leistungen der SPD gingen auf solche Entscheidungen zurück. Sie fielen stets in Konfliktsituationen und unter massivem Sperrfeuer von rechts.

Denkt an die Entstehung der sozial-liberalen Koalition von 1996. Denkt an die Ostpolitik von *Willy Brandt*. Denkt an den Atomausstieg oder den Widerstand gegen den Irak-Krieg. Und eben auch an die erste rot-grüne Koalition in Hessen.

Stets war die SPD erfolgreich, wenn sie nicht selbstzweifelnd und zaghaft war, sondern selbstbewusst, mutig und offensiv. Und deshalb: Mutig in die Soziale Moderne

„Die Zeit ist nun reif für den Regierungswechsel"

Landesparteitag der hessischen SPD, Fulda, 1.11.2008

Der Parteitag am 4. Oktober in Rotenburg hat den Landesvorstand beauftragt, Koalitionsverhandlungen mit den Grünen aufzunehmen, um in Hessen eine Minderheitsregierung zu bilden. Wir kommen heute zusammen, um das Ergebnis zu bewerten. Ich denke: Was Euch nun heute als Koalitionsvertrag vorliegt, ist eine tragfähige und solide Grundlage dafür, unser zentrales Versprechen am 4. November einzulösen. Und damit die hessische Politik wirtschaftlich, sozial und ökologisch zu erneuern.

Damit können wir mit der demokratisch gewählten politischen Mehrheit im Landtag den Regierungswechsel in Hessen vollziehen, um unseren Politikwechsel einzuleiten.

Hier in Fulda hat vor mehr als 40 Jahren *Alfred Dregger* seinen Feldzug gegen die Sozialdemokratie eröffnet. Die hessische CDU wurde zu einem rechtskonservativen Kampfverband umgewandelt, der das politische Klima Hessens nachhaltig beschädigt hat. Was *Dregger* aus der Opposition betrieb, hat *Roland Koch* in der Regierungsrolle weitergeführt – bis die Wähler davon genug hatten.

Heute, hier in Fulda, liegt es in der Hand des Parteitags, diesen Abschnitt der hessischen Geschichte zu beenden, der CDU eine grundlegende Besinnungspause zu geben, und den Aufbruch in die Soziale Moderne einzuläuten!

Ihr seid hierhin gekommen, um das so zu entscheiden. Und ich spüre, dass wir gemeinsam den Willen haben, diesem Regierungswechsel heute die entscheidende Schubkraft zu geben! Den von Euch gegebenen Auftrag haben wir erfüllt. Der

Koalitionsvertrag liegt vor. Ich danke den Genossinnen und Genossen, die mit mir die Verhandlungsgruppe stellten und dieses umfassende Ergebnis zügig und konstruktiv erarbeitet haben.

Gernot Grumbach, Reinhard Kahl, Hildegard Pfaff, Manfred Schaub, Hermann Scheer, Norbert Schmitt, Norbert Schüren, Jürgen Walter, ebenso danke ich allen Fachgruppen, die die wichtige Vorarbeit geleistet haben.

Ich danke aber auch den Grünen, die kein leichter, aber ebenso konstruktiver Verhandlungspartner gewesen sind.

Ich will Euch zunächst einige wesentliche Eckpunkte erläutern in der Überzeugung, dass dieses Regierungsprogramm geeignet ist, Hessen wieder zu einem Land sozialer Gerechtigkeit, kultureller Offenheit und zu einem Land ökologischer und wirtschaftlicher Erneuerung zu machen – und in der guten Hoffnung, dass das dafür vereinbarte Koalitionsprogramm mit großer Mehrheit von Euch getragen wird.

In den vergangenen Monaten wurde viel über Politik und Macht gesagt und geschrieben – und in der letzten Woche auch viel über gute und schlechte, tragbare und nicht tragbare Kompromisse. Der Physiker und Philosoph *Carl Friedrich von Weizsäcker* hat einmal gesagt, „Politik ist der stets neu zu schaffende Kompromiss von Macht und Vernunft". Was ich Euch heute als Ergebnis unserer Bemühungen vortrage, entspricht diesem Satz.

Der Koalitionsvertrag ist kein Wunschkonzert. Er ist geprägt von der praktischen Vernunft zweier Parteien mit ihren jeweiligen Zielen. Und er berücksichtigt berechtigte und tragbare Anliegen der Linkspartei als unseren Tolerierungspartner. Vor allem aber: Er macht es möglich, den von uns gewollten politischen Aufbruch auf den Weg zu bringen! Das gilt auch für die gefundenen Lösungen in den Konfliktfeldern.

Uns allen war von vornherein klar, dass eines der großen Verhandlungsprobleme der Konflikt um den Frankfurter Flughafens sein würde. Über diesen diskutieren wir seit fast zehn Jahren auf Parteitagen, im Landtag – und mit Kommunen, den Wirtschaftsvertretern und den Sozial- und Umweltverbänden. Es war der sozialdemokratische Ministerpräsident *Hans Eichel*, der ein von allen Parteien und Betroffenen getragenes Mediationsverfahren einführte. Wir haben nie einen Zweifel daran aufkommen lassen: Diesem Verfahren und seinen Ergebnissen fühlen sich die hessischen Sozialdemokratinnen und Sozialdemokraten verpflichtet, wenn wir wieder die Regierung übernehmen! Die Mediation hat viele Hindernisse überwunden. Viele Kritiker des Ausbaus waren in diesem Verfahren bereit, gemeinsam Vorkehrungen für einen Ausbau zu treffen, der ökonomisch, ökologisch und sozial vertretbar ist. Dazu gehört das – dann auch – von Fraport beantragte Nachtflugverbot. Dieses hatte auch die Landesregierung versprochen. Die CDU hat dieses Wort mit dem Planfeststellungsbeschluss gebrochen. Wir aber bleiben bei unserer Zusage: Alles in unseren Händen liegende zu tun, damit das Nachtflugverbot kommt. Das Koalitionsprogramm sieht deshalb vor, ein Änderungsverfahren allein der betrieblichen Regelungen des Planfeststellungsbeschlusses einzuleiten. Nach der von uns vorgenommen ausführlichen rechtlichen Prüfung ist das möglich, ohne dass dadurch die Planfeststellung für die Baumaßnahmen angetastet wird.

Noch schwieriger war bei den Verhandlungen die Frage des Baubeginns der neuen Landebahn und damit der Rodungen. Die Fraport hatte nach dem Planfeststellungsbeschluss vom Dezember 2007 um des inneren Friedens willen darauf verzichtet, den ihr rechtlich möglichen Sofortvollzug umzusetzen. Sie erklärte sich bereit, darauf bis zum Abschluss eines beantragten Eilverfahrens beim Verwaltungsgerichtshof Kassel zu verzichten. Die Koalitionäre wollen, dass Fraport mit den Rodungen wartet, bis das erstinstanzliche Urteil vom Verwaltungsgerichtshof Kassel vorliegt. Auch das ist ein Kompromiss zwischen den Koalitionspartnern, aber es ist ein vertretbarer Kompromiss.

Der Preis für ein höheres Maß an Rechtssicherheit durch ein erstinstanzliches Urteil ist ein Zeitverlust von höchstens acht Monaten. Darauf haben sich die Koalitionspartner verbindlich verständigt. Ich glaube, Fraport wäre gut beraten, diesem Wunsch der neuen Landesregierung zu entsprechen – so wie Fraport schon bisher von sich aus auf den ihr zustehenden Sofortvollzug verzichtet hat –, sondern bis zum Abschluss des Eilverfahrens abwarten will. Schließlich ist Fraport ein Unternehmen in weit überwiegend öffentlichem Eigentum und steht damit auch mehr als ein reines Privatunternehmen in gesellschaftlicher Verantwortung. Wenn Fraport diesem Wunsch nicht folgt, haben wir verabredet, den Sofortvollzug des Planfeststellungsbeschlusses bis zum Abschluss des Hauptverfahrens auszusetzen – höchstens jedoch bis Ende 2009. Es ist also abwegig, wenn nun die CDU und andere Kritiker dieses Beschlusses behaupten, der Ausbau des Flughafens und Arbeitsplätze wären dadurch gefährdet.

Auch einige Juristen treten auf den Plan und unterstellen, eine derart befristete Aussetzung des Sofortvollzugs wäre gar nicht möglich. Und warnen sogar vor Schadensersatzforderungen. Nun frage ich, wen kann es überraschen, wenn die Anwälte von Fraport sich vorschnell so äußern? Ohne ihre Qualifikation bestreiten zu wollen, darf man nicht übersehen, dass sie keine neutralen Gutachter sind, sondern die Interessen ihres Auftraggebers vertreten. Das ist alles legitim, aber objektiv ist es nicht. Wir haben unabhängigen juristischen Rat eingeholt, der uns sagt: Beide Absichten – das Ergänzungsverfahren für das Nachtflugverbot und notfalls die Aussetzung des Sofortvollzugs – sind rechtmäßig und möglich. Vor allem aber gilt, dass der Koalitionsvertrag keine juristische Seminararbeit ist, sondern ein Text, der politische Ziele festlegt. Und unsere politischen Ziele sind klar definiert: Wir wollen einen zügigen Ausbau mit Nachtflugverbot und einem Mindestmaß an Rechtssicherheit, bevor vollendete Tatsachen geschaffen werden. Wir wollen nicht nur in dieser Frage, dass das Primat der Politik wieder mehr zur Geltung kommt.

Und noch etwas zum Thema Verzögerungen: Eigentlich sollten doch heute schon Flugzeuge auf der neuen Bahn landen. Aber da tauchte plötzlich und für die CDU scheinbar unerwartet das riesige Chemiewerk Ticona vor der Landebahn auf. Wir nehmen von Herrn *Koch* und der CDU jedenfalls keine Ratschläge entgegen, wenn es um die zügige Durchführung von Planungsverfahren geht. Unser Vorschlag ist ein fairer Kompromiss. Er gefährdet den Ausbau nicht. Er enthält die Chance zur Konfliktminderung in der umstrittenen Flughafenfrage. Darüber wollen wir konstruktive Gespräche mit der Fraport führen! Wer behauptet, dieser Kompromiss gefährde den Ausbau und damit 40 000 neue Arbeitsplätze, der kennt entweder das Verhandlungsergebnis nicht oder will es nicht zur Kenntnis nehmen, um den Bürgern Sand in die Augen streuen zu können.

Es ist ein großer Erfolg unserer Koalitionsverhandlungen, dass die Grünen diesen Kompromiss akzeptieren. Das ist für sie keine Selbstverständlichkeit.

Was wir geschafft haben, ist eine für alle Bürgerinnen und Bürger – und auch für die Wirtschaft – wichtige gesellschaftliche Integrationsleistung. Ich will hinzufügen: Wir werden auch für eine konsequente Umsetzung der in der Mediation übernommenen Selbstverpflichtung der Akteure zur kontinuierlichen Verminderung der Lärmbelastung sorgen.

Und damit komme ich zu einem weiteren Konfliktpunkt der Verhandlungen, dem Flugplatz Kassel-Calden als wichtiges nordhessisches Infrastrukturprojekt. Wir haben den Grünen abgerungen, dass der Flugplatz auch künftig seine Verkehrsfunktionen wahrnehmen kann. Das ist die zentrale Festlegung: In Kassel soll und wird Flugverkehr im benötigten Umfang stattfinden. Und wir werden **ergebnisoffen** prüfen, ob der Neubau des Flughafens oder seine Ertüchtigung sinnvoller ist. Es gibt Kostenschätzungen, die beide Varianten ganz dicht beieinander sehen. **Der Neubau hat eine faire Chance.** Aber gänzlich falsch sind Behauptungen, wie *Koch* gestern in Kassel von sich gegeben hat, dass wir mit der Koalitionsvereinbarung das Projekt eines Neubaus beerdigt hätten.

Wir haben sogar verabredet, dass wir die Infrastrukturfunktion des Flugplatzes Calden durch die Ansiedlung eines Forschungsinstituts für klimaneutrale Flugantriebstechniken stärken wollen. Es lohnt sich, sich mit dieser Idee ernsthaft zu befassen. Genauso wie heute jeder im Automobilbau über alternative Antriebe spricht – zum Beispiel Bioalkohol oder Biodiesel – wird sich die Flugzeugbranche dieser Frage stellen müssen.

Und gerade im Bereich der kleinen Flugzeuge gibt es hier großes Entwicklungspotential. Deshalb können wir uns vorstellen, dass dieses Institut ebenso ein Kristallationspunkt für neue Unternehmen wird wie das ISET. Diesem hätte auch noch vor zehn Jahren keiner zugetraut, Keimzelle der boomenden Solarregion Nordhessen zu werden. Das ist innovative sozialdemokratische Wirtschaftspolitik, wie wir sie in unserem Koalitionsprogramm vorantreiben wollen. Das alles haben wir in ständigem Kontakt mit unserem Kasseler OB *Bertram Hilgen*, unserem Landrat *Udo Schlitzberger* und unseren Landtagsabgeordneten der Stadt und des Landkreises Kassel erarbeitet.

Die dritte Herausforderung unserer Koalitionsverhandlungen war die prekäre Haushaltslage. Dieselbe CDU, die der rot-grünen Vereinbarung vorwirft eine Katastrophe zu produzieren, hat Hessen eine Finanzkatastrophe hinterlassen. Im aktuellen Haushalt fehlen 1,3 Milliarden Euro. Das muss jeder wissen, der enttäuscht darüber ist, dass in unserem Koalitionsvertrag zu wenig neue Haushaltsansätze enthalten sind. *Koch* hat vor neun Jahren von *Hans Eichel* einen soliden Haushalt übernommen. Seine Regierung hat jedes Jahr zusätzlich eine Milliarde Schulden angehäuft und mehrmals verfassungswidrige Haushalte durchgesetzt. Sie hat damit einem Graf das Schloss abgekauft, während sie Sozialbudgets und Bildungsmittel kaltherzig gestrichen oder auf Null gefahren hat. Die neue Regierung wird keine Schlösser kaufen, sondern die neue Schule im Haus der Bildung errichten.

Der selbsternannte Wirtschafts- und Finanzexperte *Koch* – der noch vor zwei Jahren forderte, doch amerikanische Investmentbanker nach Deutschland zu holen und ihnen dieselben Boni wie in London oder an der Wall Street zu geben – hat bewiesen, wie fahrlässig er mit dem Geld der Bürger umgeht. Inzwischen wissen doch alle: die Heilslehren des Neokonservatismus, ob die des *George W. Bush* in der USA oder die *Roland Kochs* in Hessen, schaden den Volkswirtschaften, weil ihnen die soziale Verantwortung fehlt. Die Gralshüter dieser Art von Wirtschaftskompetenz stehen vor einem Scherbenhaufen. Sie sollten besser schweigen, statt sich weiter aufzuspielen! Ich hoffe, die amerikanischen Wählerinnen sagen am 4. November „Yes, we can." Und das wir am selben Tag in Hessen sagen können: „Yes, we do". Natürlich war die Frage der Ressortaufteilung ein Knackpunkt der Koalitionsverhandlungen – schon deshalb, weil es zwischen der Identität unserer Partei und der der Grünen essentielle Schnittmengen gibt. Hinzu kommt, dass bei der Frage der Ressortbesetzung auch zwangsläufig innerparteiliche Spannungen entstehen. Meistens werden diese intern ausgetragen, aber in unserem Fall wurden sie auch öffentlich. Unser Ausgangspunkt ist: Wir hatten ein Zukunftsteam mit klarer Aufgabenverteilung. Dennoch wurde in den letzten Wochen und auch noch im Laufe der Verhandlungen über davon abweichende Vorstellungen spekuliert, in den Medien und auch innerhalb der Partei.

Wir werden mit *Manfred Schaub* einen Innenminister bekommen, der nicht nur auf diesem Gebiet ein ausgewiesener Fachpolitiker ist. Er repräsentiert vorbildhaft die kommunale Ebene der Politik, die für uns von essentieller Bedeutung ist. Und er wird im Kabinett die Region Nordhessen mit starker Kraft vertreten. Wir bauen auf deine Erfahrung und Umsicht. Wir bekommen mit *Lothar Quanz* einen Minister für Wissenschaft und Kunst, der in allen Bildungsfragen langjährig qualifiziert ist, und der endlich die regionalen Kulturziele mehr in den Vordergrund rücken wird. Er hat die moderierende Kompetenz, die für das Verhältnis zu unseren Hochschulen wichtig ist. Wir werden mit *Nancy Faeser* die Justizministerin stellen, die wie kaum eine andere für diese Position geeignet ist und sich hohes Ansehen mit ihrer Reputation als Anwältin sozialer Justiz erworben hat. Zur Gerechtigkeit gehört untrennbar die Rechtsgerechtigkeit. Wir werden mit *Günther Rudolph* einen Verkehrs- und Europaminister stellen, der ganz gewiss nicht im Verdacht steht, auf den Autobahnen Staus zu tolerieren. Er war stets ein Verfechter der A49 und der A44 Kassel-Eisenach. Und vielleicht ist das ja historisch eine Anekdote für die Landesgeschichte: Dass die neue rot-grüne Regierung am Ende ihrer Legislaturperiode die deutsch-deutsche Vereinigung auch vierspurig umgesetzt haben wird. Ich freue mich, dass wir *Petra Fuhrmann* nominiert haben, die die hessische Sozialpolitik wieder sozialdemokratisieren wird. Sie wird die kaltherzige Politik der hessischen CDU beenden und den Sozialverbänden, den karitativen Organisationen, den Frauenhäusern und den vielen Initiativen, die sich für soziale Gerechtigkeit in dieser Gesellschaft engagieren, zur Seite stehen. Eine besonders schwierige Aufgabe kommt auf *Reinhard Kahl* als neuen Finanzminister zu. Er hat einen Überblick über die Zahlen, der sich schon bei den Koalitionsverhandlungen als profunder erwies als beim amtierenden Finanzminister. Er hat die Besonnenheit, die für dieses Amt gefragt ist, Und hat das Kunststück fertiggebracht, trotz prekärer Haushaltslage unseren Politikwechsel anfinanzieren zu können.

Auf dem Parteitag am 4. Oktober habe ich unter großem Beifall vorgetragen, dass *Hermann Scheer* als Minister für unsere Wirtschafts- und Energiepolitik eine große Säule des von uns angesagten Politikwechsels sein wird und muss. Seine praktischen Durchsetzungserfolge andernorts, seine Konzepte und Überzeugungskraft haben unsere Politik profilieren und neue Wähler gewinnen helfen. Es ist uns zwar nicht gelungen, ihn auch als Umweltminister durchzusetzen, aber er wird dennoch mit grundlegenden Zuständigkeiten das Ministerium für Wirtschaft, Landesplanung und Bauen leiten. Dazu gehören diejenigen Kompetenzen, die er für die Realisierung unseres Programms „Neue Energie für Hessen" braucht. Wir können froh sein, dass *Hermann Scheer* mit dem vollzogenen Regierungswechsel endgültig zur hessischen SPD gehören wird.

Und nicht zuletzt werden wir mit *Norbert Schmitt* einen Minister in der Staatskanzlei haben, der als Generalsekretär unserer Partei bewiesen hat, dass auch die hessische SPD die praktische Philosophie von *Herbert Wehner* und *Franz Müntefering* – „Politik ist Organisation" – verstanden hat. Dazu wissen wir: Norbert organisiert Politik mit spürbarem Herzblut. Und er bekommt frauenpolitische Unterstützung. Wir werden eine Bevollmächtigte für Frauenpolitik in der Staatskanzlei ansiedeln und damit der Frauenförderung besondere Bedeutung geben.

Ich bin froh, liebe Genossinnen und Genossen, dass *Gernot Grumbach* seine Bereitschaft erklärt hat, nach dem vollzogenen Regierungswechsel neuer Fraktionsvorsitzender zu werden. Er zieht diese Aufgabe einem Ministeramt vor.

Wir brauchen gerade in dieser Situation einen starken Fraktionsvorsitzenden, der sowohl beim Koalitions- wie auch beim Tolerierungspartner persönliche Autorität hat und Respekt genießt.

Ja, Genossinnen und Genossen, es gibt auch Wermutstropfen. Natürlich wäre es mir lieber gewesen, das Bildungsressort sozialdemokratisch zu besetzen. Und natürlich wäre es mir auch lieber gewesen, Wirtschaft, Energie und Umwelt, in einem Ministerium zu bündeln. Dass das Bildungs- und das Umweltministerium an den Koalitionspartner gehen, ergibt sich aus dem, was ich unseren politischen Partnern versichert habe: Dass wir sowohl mit dem Koalitionspartner, den Grünen, als auch mit der Linkpartei, dem Tolerierungspartner, fair, respektvoll und in gegenseitiger Toleranz umgehen. Das haben die Grünen und auch die Linken eingehalten, und das müssen wir dann auch tun. Deshalb finden sich in dem Programm auch Punkte, in denen sich die Linke wiederfindet. Mit sinnlosen Privatisierungen aufzuhören ist doch auch unsere Auffassung. Das gilt auch für das Augenmerk auf den öffentlichen Beschäftigungssektor, um Arbeitsplätze zu sichern, zu erhalten und neue zu schaffen.

Das inhaltliche Resultat, das zum größten Teil mit unseren eigenen Positionen übereinstimmt, wäre in anderen Koalitionen und Kooperationen nicht darstellbar. Es würde für uns Sozialdemokraten inhaltlich und personell wesentlich schlechter aussehen, wenn wir andere Optionen gewählt hätten. Deshalb, liebe Genossinnen und Genossen: dieses Koalitionsprogramm mutet uns keine schmerzlichen Abstriche von unserem eigenen Politikentwurf zu. Wir können es mit großem Selbstbewusstsein vertreten.

Ich will auch hier auf dem Parteitag noch einmal betonen: ich habe mir gewünscht, dass *Jürgen Walter* der hessischen Landesregierung angehören würde – mit einem Innenministerium, wofür er im Zukunftsteam wirkte, oder mit einem anderen Ministerium. Aber er hat am Ende der Koalitionsverhandlungen für sich entschieden, dass der Zuschnitt des ihm angebotenen Ministeriums für Verkehr und Europa nicht seinen Vorstellungen entspricht. Das respektiere ich, und das sollte auch die ganze Partei respektieren. Ich kann auch verstehen, dass er und andere an einigen Stellen Schwierigkeiten mit der Koalitionsvereinbarung haben. Es unterscheidet uns von einer monolithischen Partei wie der hessischen CDU, dass bei uns Meinungsverschiedenheiten offen angesprochen werden – auch wenn wir es uns selbst dabei manchmal schwer machen. Aber nach den getroffenen Entscheidungen stehen wir dann auch zusammen. Das ist die demokratische Regel! Wir haben im Landesvorstand die Verhandlungsergebnisse einstimmig beschlossen. Auch die Fraktion ist einig in der Bewertung, dass der Koalitionsvertrag eine gute, solide Grundlage ist.

Die Regierung *Koch* hinterlässt uns ein finanzwirtschaftliches Desaster. Ihr Finanzminister hat seine Arbeit bereits eingestellt und damit einen politischen Offenbarungseid geleistet. Wir stehen vor einer für Hessen neuartigen Situation: Die Finanzlage wieder stabilisieren zu müssen, ohne auf versprochene Reformvorhaben zu verzichten. Das ist fast so schwierig wie die Quadratur eines Kreises. Wir haben uns für 2009 und 2010 vernünftigerweise auf einen Doppelhaushalt verständigt. Wir müssen in beiden Jahren jeweils 200 Millionen im Vergleich zur jetzigen Finanzplanung einsparen, um die haushaltspolitische Verfassungsgrenze einzuhalten. Das ist aus heutiger Sicht realisierbar. Es gibt die Verständigung darüber, wo gespart wird. Die Mittel, die gleichwohl für einen Politikwechsel bereitstehen umfassen 2009 rund 170 Millionen Euro und 2010 circa 260 Millionen Euro. Das alles finanzieren wir aus vertretbaren Einsparungen. Und, liebe Genossinnen und Genossen: ja, wir brauchen auch höhere Einnahmen. Wir werden massiv darauf drängen, dass eine Vermögenssteuer wieder eingeführt wird, indem wir im Bundesrat initiativ werden. Im Land werden wir einen Wasser-Cent einführen, den es so ähnlich übrigens seit über zehn Jahren auch im schwarzgelb regierten Baden-Württemberg und in anderen Ländern gibt.

Der größte Teil der neuen Haushaltsprioritäten wird in die Bildungspolitik fließen. Wer so wie wir gute Bildung will muss wissen, dass dafür Geld bereitgestellt werden muss. Im elementar wichtigen Feld der Bildungspolitik werden wir für eine 105-prozentige Lehrerversorgung an den Grundschulen und Schulen der Sekundarstufe I sorgen. Das kostet eine Stange Geld, aber wir befreien damit die Schulen vom Korsett der misslungenen Unterrichtsgarantie Plus und geben ihnen „Luft zum Atmen", die sie dringend brauchen, um sich qualitativ weiter zu entwickeln. Auch die frühkindliche Bildung wird uns viel wert sein. Die bisherige Landesregierung hat die Umsetzung des Bildungs- und Erziehungsplans mit unzureichenden Mitteln betrieben, das werden wir ändern. Wir werden die Einführung der Schuleingangsstufe für mehr als die Hälfte der Schulen organisieren und wir werden die Betreuungsangebote an Grundschulen verstärkt fördern. Das Haus der Bildung wird finanziell ausgestattet für die individuelle Förderung an reformbezogenen Schulen und den Ausbau der Ganztagsschulen. Und um noch etwas hervorzuheben: Kulturelle Bildung ist in einer Demokratie unverzichtbar, im Land und auch in den Kommunen. Darauf werden wir besonderen Wert legen.

Hinter diesen trocknen Zahlen stehen unsere Inhalte, von denen wir allerdings nicht alle durchsetzen konnten. Dennoch: Der Irrlauf mit G 8 wird gestoppt: Wo der Elternwunsch besteht, daran festzuhalten, wird dieser so organisiert, dass er für die Schüler verkraftbar ist. Wir werden, wie zugesagt, im Haus der Bildung kein Kind zurücklassen, sondern jedes Kind nach seinen Fähigkeiten und Talenten fördern. Das wird leider nicht alles von heute auf morgen gehen können. Aber es wird von uns auf den Weg gebracht. Dabei werden wir nicht zurückfallen in die Grabenkämpfe der früheren Jahre, sondern gemeinsam mit den Eltern und Lehrern das Fundament für eine neue Schule legen. Denn wir wissen, eine andere politische Kultur heißt nicht von oben herab zu regieren, sondern im Dialog mit den Betroffenen.

Ich will an dieser Stelle ausdrücklich *Heike Habermann* danken, die maßgeblich am Gelingen des Hauses der Bildung beigetragen hat und für unseren Teil die Verhandlungen geführt hat. Es ist ein prima Ergebnis.

Der Anspruch der Chancengleichheit in der Bildung ist in den vergangenen Jahren gerade in Hessen arg „unter die Räder" geraten. Wir treten an, der Chancengleichheit eine Lanze zu brechen. Wir treten an mit dem Anspruch, den bildungspolitischen Fortschritt wieder nach Hessen zu holen. Wir treten an, die Schande der sozialen Auslese in unserem Bildungssystem endlich zu überwinden. Die neue parlamentarische Mehrheit im Landtag hat dazu mit der Abschaffung der Studiengebühren bereits einen großen Beitrag geleistet, denn auch diese finanzielle Hürde hat die soziale Auslese verschärft. Hier haben wir schon gezeigt, dass die neue Politik in Hessen bundesweit Maßstäbe setzen kann. Und die von Frau *Schavan* bis gestern unter Verschluss gehaltene Studie zu abschreckenden Wirkung von Studiengebühren gibt uns offenkundig recht in allem, was wir befürchtet haben.

Genossinnen und Genossen, wir werden selbstverständlich auch sozialpolitisch einlösen, was wir den Bürgerinnen und Bürgern zugesagt haben. Es gibt ein verlässliches Sozialbudget und einen Härtefonds für Mittagessenversorgung. 2009 werden dafür 20 Millionen, und 2010

35 Millionen Euro zur Verfügung stehen. Es ist allerhöchste Zeit diesen Härtefonds einzurichten. Eine reiche Gesellschaft wie wir darf es trotz aller

Krisen und wirtschaftlichen Engpässen nicht hinnehmen, dass Kinder sich nicht einmal einen Mittagstisch leisten können. Dieser gesellschaftliche Skandal ist beschämend. Er wird von der neuen Regierung beendet. Wir finden uns nicht mit Armut ab, sondern müssen sie bekämpfen.

Und wir stehen auch für eine innovative Wirtschaftspolitik. Für die Rhein-Main-Region – mit Ausstrahlungswirkungen bis in den Mittelhessischen und Südhessischen Raum – legen wir besonderes Augenmerk auf die von uns gewollte *Internationale Bauausstellung*. Dafür stellen wir einen Betrag von jährlich fünf Mio. Euro für die organisatorische Infrastruktur und die konzeptionellen Vorarbeiten bereit. Gemeinsam mit den Kommunen und den Kreisen wollen wir damit der Metropolregion Frankfurt/Rhein-Main einen zukunftsweisenden Impuls geben, mit integrierenden Stadtplanungs-, Verkehrs-, Umwelt- und Kulturkonzepten. Bei einer solchen Ankündigung durch eine CDU-Regierung hätte wahrscheinlich so mancher Wirtschaftsführer vor lauter Begeisterung die Korken knallen lassen. Wenn sie uns zumindest einen gewissen Beifall gegeben hätten, wäre es angemessen gewesen.

Gute Arbeit und starke Wirtschaft sind zwei Seiten einer Medaille. Die Unternehmerverbände liegen mit ihrer grundsätzlichen Kritik am Koalitionsvertrag vollkommen falsch. Rot-Grün steht für eine zukunftsweisende Wirtschaftspolitik. Wir balancieren die Interessen der Unternehmer und jene der Arbeitnehmer neu aus, weil in den letzten Jahren eine Schieflage entstanden ist. Dazu gehört auch, dass wir im Bundesrat beharrlich initiativ werden für die Einführung eines gesetzlichen Mindestlohns, der auch für die Leiharbeitsverhältnisse gelten muss. Wir schaffen neue Förderinstrumente für den Mittelstand, indem wir Beratung und Förderung zielgerichteter und punktgenauer gestalten werden. Und wir stärken die Sparkassen als das Rückrat unserer regionalen Wirtschaft. Vor allem mit der Energiewende werden wir zahlreiche private Investitionen mobilisieren und unsere Wirtschaft im Sinne des Wortes nachhaltig aufstellen. Das ist alles kein „Gift für die Wirtschaft", sondern Dünger für neue Unternehmen, neue Märkte, neue Arbeitsplätze! Die Unternehmer haben also keinerlei Grund sich zu beklagen. *Willy Brandt* sagte einmal: Der Begriff Unternehmen kommt von unternehmen und nicht von jammern.

Und zu guter letzt, wir werden auch im Bereich der Jugendkriminalität, den *Roland Koch* auf peinliche Weise zum Wahlkampfschlager machen wollte, die Weichen richtig stellen. Wir schaffen zwei Häuser des Jugendrechts und stellen Jugendstaatsanwälte, Jugendrichter und Bewährungshelfer neu ein. Aber wir bekämpfen genauso die Kriminalität in der Wirtschaft und werden dafür mehr Wirtschaftsstaatsanwälte und Wirtschaftsfachleute einstellen. Und wir stellen weitere Steuerprüfer ein, um die Steuergerechtigkeit zu verbessern. Sozialdemokraten verfolgen nicht die Kleinen und lassen die Großen laufen! Wir werden – wie im Wahlkampf zugesagt – der Tarifgemeinschaft der Länder beitreten und die Arbeitzeit der Beamten endlich wieder reduzieren. Beginnen wird die Arbeitszeitreduzierung bei denjenigen, die in der Polizei oder in der Justiz Schichtdienst leisten müssen. Wir werden 1 000 neue Polizeianwärter einstellen, verteilt über die nächsten fünf Jahre. Damit erfüllen wir unseren Anspruch, dass gut ausgebildete und hoch motivierte Profis die beste Grundlage für eine gute Sicherheitspolitik sind.

Genossinnen und Genossen, das waren einige Arbeitsinhalte der neuen Regierung, neben denen viele weitere stehen. Unser Programm ist so konkret, dass wir uns auch daran messen lassen. Diese neue Regierung steht unter den drei großen Buchstaben B für Bildung, U für Umwelt und S für Soziales. Kurz BUS. So ein Bus hat vielleicht den Nachteil, dass er nicht ganz so schnell fahren kann wie ein PKW. Aber er hat den immensen Vorteil, dass er ökologisch vorankommt, dass er viele mitnehmen kann und darin jeder sehen kann, wie schön draußen die hessische Landschaft mit den zukünftigen Windrädern aussieht.

Diese Koalition wird unter denkbar schwierigsten Voraussetzungen ihre Arbeit aufnehmen. Deshalb hören wir ja immer wieder Empfehlungen, dass in einer solchen Situation – noch dazu im Wirtschaftsland Hessen mit dem Finanzplatz Frankfurt – eine Große Koalition hermüsse. Doch solche Ratschläge sind nicht besonders originell. Von *Albert Einstein* kommt der Satz: „Die Methoden, die unsere Probleme verursacht haben, sind ungeeignet, sie überwinden zu können." Das gilt genauso für politische Konzepte, und es gilt genauso für das politische Personal. Mit einer verfehlten Politik und einem gescheiterten Personal ist kein Neuanfang möglich – vor allem, wenn die Verantwortlichen so selbstgefällig sind wie eh und je.

Noch vor wenigen Wochen wäre jeder Politiker, der gefordert hätte, dass Bankmanager maximal 500 000 Euro pro Jahr verdienen, Boni weitestgehend abgeschafft, und der Staat bei finanziellen Rettungsmaßnahmen unmittelbar an strategisch wichtigen Unternehmen beteiligt werden soll, für verrückt erklärt worden. Die hessische SPD war und ist, was diese Fragen angeht, längst auf der Höhe der Zeit. Ihr könnt Euch sicher an die heftigen Polemiken über mich erinnern, als ich bereits vor Jahren Herrn *Ackermann* von der Deutschen Bank wegen seiner schamlosen Maßstabslosigkeit kritisiere. Im Bezug auf die Rendite aber auch wegen der Gehälter und Bonuszahlungen. Heute fordern das viele. Die hessische SPD war und ist, was diese Fragen angeht, die heute in aller Munde steht, ihrer Zeit deutlich voraus. Dazu passte der Sinnspruch des polnischen Autors *Stansilav Lec*: „Wer seiner Zeit voraus ist, muss auf dieser manchmal in unbequemen Unterkünften warten."

Diese Zeit braucht neue Ideen. Statt auf alten Wegen weiter in Sackgassen zu fahren, müssen wir neue Wege öffnen, ebnen und ausbauen. Wir sind nicht nur mit der globalen Finanzkrise konfrontiert, deren Wellenschläge jetzt auch die produzierende Wirtschaft erreichen. Wir erleben gleichzeitig zwei weitere globale Krisen: die globale Klimakrise, die schon zu schwerwiegenden Wirtschaftsschäden führt, und die globale Ressourcenkrise, weil die konventionellen Energie- und Rohstoffreserven zur Neige gehen.

Die große politische Herausforderung ist, diese drei Krisen im Zusammenhang zu sehen und zu überwinden: Mit einer Orientierung, die die Finanzströme zu realwirtschaftlichen Investitionen lenkt, mit denen wir die Klima- und die Ressourcenkrise bewältigen können. Deshalb enthält unser Koalitionsprogramm auch eine politische Initiative der Landesregierung dafür, dass der Finanzplatz Frankfurt auf diese Zukunftsinvestionen orientiert wird. Damit sichern wir die Arbeitsplätze und schaffen neue, und damit erhalten und verbessern wir das soziale Gefüge. Damit vermitteln wir der jungen Generation die Hoffnung, dass es eine Perspektive gibt, für die man sich engagieren kann und muss. Das ist der Kern unserer neuen Wirtschaftspolitik. Damit bringen wir Hessen wieder nach vorn. Ich lebe in Frankfurt und schätze diese Stadt. In unseren Banktürmen werden die Lichter nicht ausgehen, aber vielleicht schon in wenigen Jahren mit erneuerbaren Stromquellen versorgt werden.

In den 63 Jahren hessischer Geschichte seit 1945 haben 49 Jahre sozialdemokratische Ministerpräsidenten regiert. Sozialdemokraten haben die Grundsteine Hessens gelegt und darauf unser Bundesland erbaut, das viele Jahrzehnte Musterland und Vorbild für andere war. Darauf sind wir stolz. Hessen wurde zur geistigen Quelle der aufklärerischen Demokratie und kritischen Wissenschaft. Davon zeugen die Namen *Theodor Adorno* und *Max Horkheiner*, *Alexander* und *Margarete Mitscherlisch*, *Wolfgang Abendroth* und *Horst-Eberhard Richter*. Hessen wurde zum kulturellen Quellpunkt. Davon zeugen Namen wie *Hilmar*

Hoffmann, ebenso die vielfältigen Aktivitäten in den Dorfgemeinschaftshäusern, Verlage wie Suhrkamp oder avantgardistische Theaterhäuser.

Hessen wurde führendes Industrieland und zum Sitz der Bundesvorstände großer Gewerkschaften wie der IG Metall und der IG BAU. Es beherbergt einen der wichtigsten Flughäfen der Welt und den Finanzplatz Frankfurt. Dieses Land ist auf sozialen Ausgleich und Weltoffenheit angewiesen, weil man nicht nur nehmen darf, sondern auch teilen muss.

In Hessen wurden von uns immer wieder neue Wege eingeschlagen und darüber Konflikte ausgetragen, um auf der Höhe der Zeit bleiben zu können. Damit haben wir Schneisen geschlagen, denen dann auch andere außerhalb Hessens folgten. Vieles dieser von Sozialdemokraten geschaffenen Substanz Hessens, davon bereits zehn Jahre in einer Koalition mit den Grünen, ist in der schwarzen Ära verdorrt oder aufgebraucht worden. Wir müssen jetzt neue Substanz schaffen. Das wichtigste Potential dafür ist das der Bürgerinnen und Bürger Hessens. Politische Führung heißt für mich vor allem: dieses Potential zu motivieren und zur Entfaltung zu bringen.

Wer zu spät kommt, liebe Genossinnen und Genossen, den bestraft die Zeit, die auf niemanden wartet. Wer vorangeht, den belohnt das Leben.

Im Auftrag unser Wählerinnen und Wähler und im Interesse der Menschen dieses Bundeslandes sage ich: Lasst uns an die stolze hessische SPD-Tradition anknüpfen, indem wir die für heute und morgen gebotenen neuen Wege gehen – im Sinne unserer Grundwerte Freiheit, Gerechtigkeit und Solidarität. Geben wir der Fraktion das Mandat, am 4. November den Regierungswechsel herbeizuführen.

Wir sind im Wahlkampf mit der festen Überzeugung angetreten: Die Zeit ist reif für den Wechsel! Ich bin der festen Überzeugung: Nun ist sie reif!

Wir werden den Menschen beweisen, dass soziale Gerechtigkeit, ökologische Verantwortung und wirtschaftliche Vernunft eine politische Einheit sind. Dafür steht unsere Partei. Dafür steht die Regierung, die ich als Ministerpräsidentin führen will. Vollziehen wir den Regierungswechsel.

Dafür bitte ich um Euer Vertrauen.

Beiträge von Andrea Ypsilanti

Sozialdemokratische Politik in den „Widersprüchen unserer Zeit"

Anforderungen an ein Grundsatzprogramm

Politik ist die Überwindung von Widerständen gegenüber einem angestrebten Ziel. Die jeweiligen Widerstände spiegeln die vorhandenen Widersprüche in einer Gesellschaft wider, in Gestalt gegenläufiger Wertvorstellungen und Interessengegensätze. Sie haben ihre Träger, also handelnde Organisationen und Personen, die in ihrem Sinne agieren. Eine Gesellschaft mit allgemeinem Werte- und Interessenkonsens gab es nie und wird es nie geben. Eine politische Partei, die das verdrängt, wird keine gesellschaftsgestaltende Kraft entfalten. Sie entpolitisiert sich und wird identitätslos, denn auch Volksparteien können niemals alle verschiedenen Werte und Interessen repräsentieren. Sie können und müssen nur diejenigen zu zusammenführen, die nicht in einem tatsächlichen Widerspruch zueinander stehen. Eine Volkspartei, die auf Allkonsens setzt, wird zur Allerweltspartei. Sie fällt der Beliebigkeit anheim, verliert ihre Bindewirkung und fällt als produktive politische Kraft aus.

Grundsatzprogramme einer Partei sind über den Tag hinausweisende Standortbestimmungen. Das bedeutet, die vorhandenen Widersprüche identifizieren zu müssen, in denen sich die Partei mit ihren Zielen durchsetzen muss. Geschieht das nicht oder in nur unvollständiger Weise, wird sie unfähig, die widerstrebenden Kräfte und Faktoren zu erkennen – und kann sie schon deshalb nicht

---

Dieser Beitrag wurde zusammen mit *Hermann Scheer* verfasst und erschien in: *Detlev Albers, Andrea Nahles* (Hg.): Linke Programmbausteine. Denkanstöße zum Hamburger Programm der SPD, Verlag vorwärts, Berlin 2007.

überwinden. Traditionelle marxistische Parteien definierten den Haupt- und Grundwiderspruch der Gesellschaft als den zwischen Lohnarbeit und Kapital. Diesen Widerspruch gibt es selbstverständlich immer noch, sogar in wieder verschärfter Weise. Aber er reicht als Beschreibung der in der Gesellschaft vorhandenen Widersprüche nicht aus.

Das Godesberger Programm von 1959, das zum meistzitierten in der SPD-Geschichte wurde, versteht die Partei als „eine Gemeinschaft von Menschen, die aus verschiedenen Glaubens- und Denkrichtungen kommen. Ihre Übereinstimmung beruht auf gemeinsamen sittlichen Grundwerten und gleichen politischen Zielen." Aber es hat keineswegs darauf verzichtet, zentrale Widersprüche zu benennen, und hat diese in seiner Präambel allen weiteren Ausführungen vorangestellt: Der darin beschriebene „Widerspruch unserer Zeit" zeige sich in dreifacher Weise:

- „dass der Mensch die Urkraft des Atoms entfesselte und sich jetzt vor den Folgen fürchte";

- „dass der Mensch die Produktivkräfte auf das höchste entwickelte, ungeheure Reichtümer ansammelte, ohne allen einen gerechten Anteil an dieser gemeinsamen Leistung zu verschaffen";

- „dass der Mensch sich die Räume der Erde unterwarf, die Kontinente zueinander rückte, nun aber in Waffen starrende Machtblöcke die Völker mehr voneinander trennen als je zuvor und totalitäre Systeme seine Freiheit bedrohen."

Die SPD ruft sich auf, „diesen Widerspruch aufzulösen" und ihn mit der „Hoffnung der Zeit" zu konfrontieren: die „Macht der Naturkräfte nur für friedliche Zwecke einzusetzen", die Sicherung des Weltfriedens, die freie Entfaltung jedes Menschen, „jenseits von Furcht und Not", in „kultureller Vielfalt" und „gesicherter Demokratie".

Die genannten Widerspruchselemente waren globaler Art. Sie zeigen die SPD in der Verantwortung für die Welt, die sie zuallererst im eigenen Land wahrzunehmen hat. Was damit zum Ausdruck gebracht wird, hat sich keineswegs erübrigt. Die Urkräfte des Atoms sind noch längst nicht gefesselt. Es gibt darüber hinaus weitere, offenkundig gewordene Entfesselungen der Naturkräfte, etwa die menschengemachte Klimaveränderung. Der Kalte Krieg zwischen Ost und West ist zwar mit dem Verschwinden des Ostblocks beendet, und damit auch die von dieser ausgehenden Bedrohung der Freiheit. Aber dennoch ist die Welt dennoch nicht sicherer geworden. Es gibt andersartige Bedrohungen von Freiheit und Demokratie, die nicht nur von außen, sondern auch von innen kommen. Vor allem aber drohen ein neuer Kalter Krieg und heiße Konflikte um Ressourcen, die unter mehr als nur zwei Machtblöcken stattfinden. Die Diskrepanz zwischen Reichtum und Armut ist in den letzten 50 Jahren laufend größer geworden. Die Internationale Arbeitsorganisation (ILO) stellt einen historisch beispiellosen Rekord an weltweiter Arbeitslosigkeit fest. Kurzum: Die Widerspruchselemente unserer heutigen Zeit sind offensichtlich zahlreicher geworden.

Einige davon hat das „Berliner Programm" der SPD von 1989 aufgegriffen. Es entwickelt einen kritischen Blick zur Entwicklung der Produktivkräfte, indem es Technologien nach ihren positiven und/oder negativen gesellschaftlichen Folgen unterscheidet, was zum zwingenden Erfordernis einer Technikauswahl führt. Im Programm schlägt sich die Lernerfahrung über die Atomenergie nieder, der sich die SPD – die in Godesberg noch euphorisch dafür war – gestellt hat, im klaren Gegensatz zur CDU/CSU. Die Ökologiefrage ist als schlüsselhaft für die gesamte weitere Entwicklung erkannt, was andere sozialdemokratische Parteien bis heute nicht in vergleichbarer Weise getan haben. Die SPD wagt, solches Wirtschaftswachstum in Frage zu stellen, das mehr gesellschaftlichen Schaden als Nutzen hervorruft. Das Programm lag also durchaus in seiner Zeit – und liegt damit in der heutigen Zeit eher noch mehr als zum Zeitpunkt seiner Beschlussfassung.

Dass es dennoch unter seinem Wert gehandelt wird, ergab sich vor allem aus dem im selben Moment eintretenden Zeitenwende durch die Implosion des Ostblocks. Zu dieser hatte es nichts zu sagen und lag insofern neben seiner Zeit. Ähnliches gilt auch für den seitdem durchbrechenden weltweiten wirtschaftlichen Liberalisierungsprozess, der in den 90er Jahren zur Entfaltung kam. Eine notwendige differenzierte und differenzierende Position dazu hat die SPD jedoch bis heute allenfalls ansatzweise gefunden.

Die Standortbestimmung der SPD bleibt vage, solange die Widersprüche der Jetztzeit und der daraus erwartbaren Zukunft nicht deutlich markiert sind und daraus politische Konsequenzen gezogen werden. Erst daraus kann ein Programm entstehen, wie die SPD ihre eigenen Grundwerte beim Wort nehmen und ihnen politikpraktische Gestaltung geben kann.

Die Widersprüche der Gegenwart sind – empirisch unübersehbar – von existenzieller gesellschaftlicher Bedeutung und fordern deshalb unabweisbar neues politisches Handeln heraus,

- dass die *wirtschaftliche Globalisierung* – durch die zunehmende Liberalisierung von Waren, Kapital und Dienstleistungen – rasant vorangeschritten ist und weiter vorangetrieben wurde, während demgegenüber die *politische Globalisierung* nur schleppend vorankommt. Die Ungleichzeitigkeit bringt die Weltgesellschaft aus ihrer sozialen und ökologischen Balance.

Daraus ergibt sich als Imperativ sozialdemokratischen Handelns, sich auf die politische Globalisierung zu konzentrieren: auf die Stärkung internationaler Organisationen und den Aufbau neuer, insbesondere die soziale und ökologische Einbettung des globalen Wirtschaftsprozesses, die Weiterentwicklung internationaler Gerichtsbarkeit.

- dass es einen scheinbar unumkehrbaren Prozess der Herausbildung *transnationaler Unternehmen* („global players") gibt, mit immer größeren Anteilen an der Weltproduktion in immer weniger Händen und einer Vergrößerung der Unterschiede zwischen Reichtum und Armut, die unverzichtbaren staatlichen Gestaltungsfunktionen zur Existenzsicherung der Menschen außer Kraft setzen, obwohl die *Staatsbedürftigkeit* zunimmt.

Daraus ergibt sich als Imperativ sozialdemokratischer Politik, dieser internationalen Oligopol- und Monopolbildung entgegenzuwirken und regionale Wirtschaftsformen zur wirtschaftlichen Existenzsicherung der Menschen zu stärken.

- dass die *Weltbevölkerung wächst*, während gleichzeitig rasante technologische Produktivitätsfortschritte zur *Substitution der Erwerbsarbeit von Menschen* führen. Das bedeutet, dass Wirtschaftswachstum nicht mehr gleichbedeutend ist mit Beschäftigungswachstum.

Daraus ergeben sich die Imperative sozialdemokratischer Politik, neue Ansätze zur Verteilung des erarbeiteten Mehrprodukts zu entwickeln;

- dass *Frauen mit ihrem kreativen menschlichen Potential* immer noch überwiegend einer sie abwertenden, benachteiligenden und unterdrückenden *einseitigen Geschlechterkonkurrenz* ausgesetzt sind – und dass sich diese unter den Bedingungen wachsender Arbeitslosigkeit und Armut sogar wieder zu ihren Lasten zu verschärfen droht.

Daraus folgt als Imperativ unseres Handelns, für die Emanzipation beider Geschlechter von ihren überkommenen Rollenzuweisungen zu wirken, vor allem in der Bildungs- und Familienpolitik in der Gestaltung der Arbeits- und Alltagskultur.

- dass der Verbrauch an fossilen *Energien und Rohstoffen weiterhin drastisch* anwächst, obwohl diese *Ressourcen endlich* sind, sich im Laufe der kommenden Jahrzehnte ihrer Erschöpfung nähern und ihr Verbrauch eine globale Umweltkrise hervorgerufen hat.

Daraus ergibt sich der sozialdemokratische Imperativ, nicht nur mit unbedingter Konsequenz auf effizienteren Energie- und Materialeinsatz zu setzen, sondern ohne weitere Verzögerung und falsche Rücksichtnahmen den generellen Wechsel zu erneuerbaren Ressourcen voranzutreiben, also das „Solarzeitalter" zu realisieren;

- dass es einen *einzigartigen Wissenszuwachs über Naturkreisläufe und ihre Gefährdungen gibt, aber dennoch die natürlichen Lebensgrundlagen von Grund auf bedroht sind.*

Als sozialdemokratischer Imperativ politischen Handelns ergibt sich daraus zwingend eine Neuausrichtung bisheriger Wirtschafts- und Umweltschutzstrategien.

- dass das *westliche Modell der gewaltengeteilten Demokratie* zum weltweit anerkannten Vorbild geworden ist und sich durch die weltweit entwickelnde Informationsgesellschaft mehr Transparenz über Problementwicklungen besteht, aber dennoch *demokratische Beteiligungsmotive abnehmen*, weil politische Entscheidungsprozesse zentralisierter und anonymer werden.

Daraus folgt als Imperativ unseres Handelns, die politische Ordnung so zu gestalten, dass es so viele dezentrale Entscheidungskompetenzen wie möglich gibt und zentrale nur so viel wie unbedingt nötig. Das gilt auch in der Europäischen Union, deren Integration erweitert und vertieft worden ist, aber dennoch wegen des Demokratiedefizits eine wachsende Entfremdung der Menschen von den europäischen Institutionen entstanden ist.

Diese Widersprüche drängen nach ihrer Überwindung. Sie treiben die Menschen um. Sich ihnen zu stellen, bedeutet darauf bezogene politische Prioritäten zu setzen und zu begründen – und diese politisch unwiderstehlich zu machen.

Familie im Fokus

Vom „Gedöns" zum sozialdemokratischen Kompetenzfeld

Seit geraumer Zeit ist das Thema Familie in den Fokus der politischen Debatten gerückt. Das einstmals so genannte „Gedöns“ ist zu einem zentralen Politik- und Kompetenzfeld der SPD geworden. Während die CDU bei der Modernisierung ihres Frauen- und Familienbildes weiterhin bei Rita Süßmuth im 20. Jahrhundert losläuft und bei Eva Hermann im 19. Jahrhundert ankommt, hat die SPD in den Zeiten der rot-grünen Bundesregierung erste Schritte unternommen, ihre Politik den veränderten ökonomischen und sozialen Lebenssituationen und den verschiedenen Formen des Zusammenlebens anzupassen.

Der Bedeutungsgewinn des Themas Familie in der Öffentlichkeit und die Tatsache, dass mittlerweile die unterschiedlichsten Politikfelder über den familienpolitischen Leisten geschlagen werden, ist jedoch nicht allein den wachsenden Erkenntnissen über deren reale Lage zu verdanken. Er entsprang vielmehr dem vielstimmigen Diskurs über den demographischen Wandel, der wiederum von verschiedenen Interessengruppen dafür genutzt wurde und wird, apokalyptische Zukunftsszenarien vom Aussterben der Deutschen, von der Überalterung der Gesellschaft und von der Krise des Sozialstaats zu entwerfen. Mit diesen lange Zeit die Diskussion dominierenden Szenarien ließ sich die Privatisierung von bisher sozialstaatlich abgesicherten Lebensrisiken als ebenso unumgänglich darstellen, wie die Notwendigkeit einer Bevölkerungspolitik im Sinne der Steigerung der Geburtenrate. Auch wenn demographische Fakten Bedeutung für die Debatte auf verschiedenen Politikfeldern haben, eine emanzipatorische und

---

Dieser Beitrag erschien in: *Detlev Albers*, *Andrea Nahles* (Hg.): Linke Programmbausteine. Denkanstöße zum Hamburger Programm der SPD, Verlag vorwärts, Berlin 2007.

an den realen Bedürfnissen realer Männer und Frauen und Kinder ansetzende Familien-, Sozial-, Jugend-, Bildungs- und Arbeitsmarktpolitik ist aus einem solchen Ansatz aber nicht abzuleiten.

Politik hat nicht zu entscheiden in welcher Form Menschen zusammenleben. Die Entscheidung, ob und wie viele Kinder jemand haben möchte, ist eine private. Dass viele Kinderwünsche aber aufgrund negativer ökonomisch-sozialer Konsequenzen, wegen der Unvereinbarkeit von Familie und Beruf und wegen der nach wie vor nicht realisierten Gleichstellung der Geschlechter unerfüllt bleiben, ist der gesellschaftliche Skandal, dem Politik mutiger, umfassender und schneller begegnen muss.

Glückliche Familien sind nicht per Gesetz zu verordnen. Aber Politik kann einen Beitrag dazu leisten, ökonomischen und sozialen Druck von den Familien zu nehmen, sie dadurch auch psychisch zu entlasten und insofern letzten Endes ein bisschen glücklicher zu machen.

Das meistdiskutierte familienpolitische Thema ist die Vereinbarkeit von Familie und Beruf. Im Vordergrund steht dabei meist die Forderung nach dem Ausbau der Kinderbetreuung. Gleichberechtigt an die Seite muss aber eine Diskussion – und vor allem auch reale Maßnahmen – über die Veränderung der Erwerbsarbeit in Richtung auf mehr Familienfreundlichkeit treten.

Und es gehört dazu, sozialpolitische Fragen in den Blickpunkt von Familienpolitik zu stellen. War früher Alter das Armutsrisiko Nummer eins – vor allem für Frauen – so sind es heute Kinder – auch hier wieder überwiegend für Frauen.

Und es muss über eine Bildungspolitik geredet werden, die den Teufelskreis von Armut, schlechter Bildung und wieder Armut durchbricht und die den Kindern eine Perspektive gibt. Und nicht zuletzt muss über eine Frauenpolitik als Gleichstellungspolitik geredet werden, denn der Grad der realen Gleichstellung der Geschlechter ist ein ausschlaggebender Punkt für die Verwirklichung von Kinderwünschen – und für glückliche Familien.

Bildung und Betreuung

Der Begriff der „Rabenmutter“ ist eine urdeutsche Erfindung. Dahinter steht eine Familienideologie, die wider besseren Wissens davon ausgeht, dass ein Kind am besten in der Rundum-Versorgung durch die eigene Mutter aufwächst, höchstens ergänzt durch einen Halbtags-Kindergarten.

Während frühe und ganztägige Betreuung, frühkindliche Förderung und Ganztagsschulen in anderen Ländern seit langem Standard sind, findet sich im Berliner Programm der SPD von 1989 noch keine Aussage zu frühkindlicher Bildung. In einem Satz werden Kindertagesstätten und Ganztagsschulen zwar als wichtig für die Vereinbarkeit von Familie und Beruf betrachtet; man ging im Berliner Programm jedoch davon aus, dass man den Bildungszugang für Kinder aller Schichten bereits geöffnet habe, sich die soziale Frage folglich an dieser Stelle nicht mehr stelle.

Diese optimistische Annahme ist mittlerweile nicht nur durch die PISA-Studie grandios widerlegt. Es ist nachgewiesen, dass in Deutschland wie in kaum einem anderen Land soziale Ungleichheit im Bildungssystem zementiert wird. Auch ist die Erkenntnis über die große Bedeutung frühkindlicher Bildung gewachsen, so dass als mindestens gleichrangig neben der Betreuungsfunktion der Kindertagesstätten nunmehr auch deren Bildungsfunktion als überaus bedeutsam betrachtet wird.

Die wichtigste Phase kognitiver Entwicklung liegt vor dem Schulalter. Es bedarf folglich einer Strategie, die bestehende massive Ungleichheit kultureller Ressourcen bereits vor der Einschulung anzugreifen, wenn die beschriebenen Teufelskreise aufgebrochen werden sollen. Vergleicht man den Effekt der elterlichen Sozialvererbung in verschiedenen Ländern, so lässt sich feststellen, dass dieser nicht nur in den Wohlfahrtsstaaten am geringsten ist, sondern vor allem in denjenigen Staaten, die seit Jahrzehnten auf die allgemeine qualitativ hochwertige Versorgung mit Betreuungsmöglichkeiten für Kinder im Vorschulalter setzen.

Allen voran hat Dänemark erreicht, dass der Status der väterlichen Ausbildung heute keinerlei Einfluss auf die Sekundarschulleistungen der Kinder mehr hat. Bei nahezu ausgeschöpfter Frauenerwerbsquote quer durch alle Bildungsgruppen profitieren die Kinder aus wirtschaftlich und/oder kulturell schwächeren Haushalten grundsätzlich von denselben pädagogischen Standards und kognitiven Anregungen. Bei der Einschulung bringen die Kinder weitgehend homogene Voraussetzungen mit, unabhängig ihrer Herkunft.

Der Ausbau und die Fortentwicklung vorschulischer Betreuung in Qualität, Quantität und Flexibilität muss folglich ein Schwerpunkt einer Politik für Chancengleichheit sein. Das dänische Beispiel weist aber auch noch einmal deutlich auf zwei andere notwendige politische Voraussetzungen hin, nämlich auf die einer wohlfahrtstaatlich und emanzipatorisch ausgerichteten Politik.

Im Bremer Entwurf zum neuen Grundsatzprogramm der SPD wird Bildung in der Wissensgesellschaft zum zentralen sozialstaatlichen Instrument und beginnt mit der Unterstützung von Schwangeren und Eltern. Die Bedeutung der frühkindlichen Bildung zur Herstellung von Chancengleichheit hat Eingang in das Programm gefunden. Vorschulische Betreuung bekommt einen Bildungsauftrag und es ist daher nur konsequent, Ganztagsbetreuung von Anfang an zu fordern, die dann ebenso konsequent gebührenfrei sein muss. Eine Fortsetzung findet die Politik für Chancengleichheit in einer Schulreform, die nicht durch Ideologien, sondern von den Bedürfnissen der Kinder und den wissenschaftlichen Erkenntnissen unserer Zeit geleitet ist.

Der Ausbau unserer Schulen zu Ganztagsschulen ist nicht nur eine Anpassung an europäische Standards und ein Beitrag zur Vereinbarkeit von Beruf und Familie. Er muss einhergehen mit dem Anspruch, Schule zu einem Ort zu machen, wo Kinder lange gemeinsam lernen und wo ihnen so lange wie möglich alle Türen zu verschiedenen Schulabschlüssen und Berufsentscheidungen offen gehalten werden. Schule muss ein Ort sein, der Chancen eröffnet und Unterstützung gewährt. Wir brauchen eine Schule, in der Zeit und Raum für moderne Pädagogik und für die individuelle Förderung jedes Kindes gemäß seiner Stärken und Schwächen ist.

Arbeit

Betreuungsmöglichkeiten mit hohen Standards sind die eine Seite der Vereinbarkeit von Familie und Beruf. Die andere Seite ist die Ausgestaltung von

Erwerbsarbeit. Die Erwerbstätigkeit innerhalb einer Familie, sowohl die Qualität als auch die Quantität, haben immense Auswirkungen auf das Familienleben.

Voraussetzung für die Sicherung eines Familieneinkommens sind nicht nur ausreichende Betreuungsplätze, sondern vor allem der Zugang zu Arbeitsplätzen, die das Auskommen einer Familie sichern.

Mütter sind heute nicht nur besser ausgebildet, auch der Anteil berufstätiger Mütter ist gestiegen. Insgesamt gesehen ist die Erwerbsquote von Frauen in Deutschland dennoch vergleichsweise gering. Mit einer Frauenerwerbsquote von 59,6% in 2005 liegt Deutschland weit hinter Dänemark (71,9%), Schweden (70.4%) oder Norwegen (71,7%).

Überbordende Arbeitszeiten und Löhne, die zur Annahme mehrerer Jobs gleichzeitig zwingen, sind unsozial und extrem familienfeindlich. Für eine moderne Familienpolitik, die Erwerbsarbeit auch unter emanzipatorischen Aspekten betrachtet, müssen solche Entwicklungen Warnsignale sein. Statt einer Deregulierung des Arbeitsmarktes brauchen wir auch unter familienpolitischen Anforderungen eine neue Diskussion über Arbeitszeitverkürzung und wir brauchen endlich einen Mindestlohn, der auch denjenigen Familien eine Chance gibt, die sich im unteren Einkommensbereich bewegen.

Arbeitszeitverkürzung und Arbeitszeitsouveränität der Arbeitnehmer und Arbeitnehmerinnen erleichtern die Organisation einer Familie. Teilzeitarbeit muss auch für Leitungsaufgaben möglich sein. Zeitliche und räumliche Flexibilität muss für Eltern gegenüber dem Arbeitgeber durchsetzbar sein. Auch wenn der Bremer Programmentwurf vom 30-Stunden-Ziel des Berliner Programms zurücktritt, ist Arbeitszeitverkürzung auch dort eine Forderung geblieben. Bei Fragen nach Arbeitzeitsouveränität werden die Unternehmerinteressen berücksichtigt und Arbeitzeitkonten als Modell zur Sicherung der Gestaltungsmöglichkeiten durch Arbeitnehmerinnen und Arbeitnehmer vorgestellt. Das geht nicht in die falsche Richtung, aber mutig ist es auch nicht.

Für Frauen ist der Berufseinstieg oder Wiedereinstieg nach einer Erziehungspause wesentlich für die eigene Existenzsicherung. Maßnahmen und Hilfen zum Schritt ins Berufsleben und die Elternzeit begleitendes Lernen können Arbeitslosigkeit vermeiden helfen. Die geschlechterspezifische Berufswahl muss aufgebrochen werden. Besonders auf kommunaler Ebene gibt es hier viele Beispiele für erfolgreiche, öffentlich geförderte Maßnahmen.

Emanzipatorische Familienpolitik kann zur Jobmaschine werden. Neben den Zukunftsinvestitionen in Bildung und Betreuung ist auch der Ausbau haushaltsnaher Dienstleistungen ein Feld zur Schaffung neuer Arbeitplätze. Mindestlohn und Arbeitszeitverkürzung als arbeitsmarktpolitische Maßnahmen haben nicht nur positive konjunkturelle und positive finanzielle Auswirkungen auf die öffentlichen Kassen. Das Kind im Mittelpunkt der Politik und ein breites Beratungs- und Unterstützungsangebot für Eltern ist die beste Präventionspolitik, entlastet die öffentlichen Haushalte und setzt Gelder zur Konsolidierung oder für notwendige Investitionen frei.

Armut

Dass in einem reichen Land wie Deutschland über Armut gesprochen werden muss, wenn es um Familien geht, ist ein gesellschaftspolitischer Skandal. Nach Angaben des Kinderschutzbundes leben mehr als 2,5 Millionen Kinder und Jugendliche in Deutschland auf Sozialhilfeniveau. Betroffen sind vor allem Kinder Alleinerziehender, von denen 87% Frauen sind. Die Zahlen sind steigend.

Auch wenn die Anzahl der working poor zunimmt, ist Arbeitslosigkeit immer noch eine Hauptursache für Armut. Mangelnde Betreuungsmöglichkeiten und zu geringe, vor allem aber zu wenig zielgenaue soziale Leistungen tun das ihre dazu. Zwar reduzieren Kindergeld, Steuererleichterungen und andere sozialpolitische Maßnahmen die Kinderarmut erheblich. Andere Länder schaffen es aber deutlich besser, Kinderarmut zu verringern. Ohne staatliche Interventionen würde die „marktbedingte" Kinderarmut sowohl in Deutschland als auch in Schweden 18% der Kinder betreffen. Die schwedische Sozialpolitik schafft es jedoch – bei annähernd gleichen staatlichen Aufwendungen für Transferleistungen, Finanzierung von Einrichtungen usw. – Armut bei Kindern auf 3,4% zu beschränken. Das ist ein Drittel der deutschen Rate.

Besonders von Kinderarmut betroffen sind Kinder aus Zuwandererfamilien. Seit Mitte der neunziger Jahre liegt die Armutsrate bei Kindern aus Zuwandererfamilien deutlich höher als bei deutschen Kindern. Je kürzer die Ankunft der

Familie in Deutschland zurück liegt, desto größer ist das Armutsrisiko für die Kinder.

Armut hat nicht nur Auswirkungen auf die Lebens- und Bildungschancen eines Kindes. Armut ist belastend und zerrüttet Familien, sie führt zu Perspektivlosigkeit, Depression und Gewalt. Armutsbekämpfung heißt, Verantwortung für Kinder und damit Verantwortung für unsere Zukunft zu übernehmen.

Armut, dauerhafte ökonomische Entbehrung und Unsicherheit sind fundamentale Ursachen geringerer Lebenschancen. Auch ein noch so gut ausgebautes Bildungssystem kann in einer ökonomisch und sozial auseinanderdriftenden Gesellschaft nicht gleiche Chancen für alle Kinder garantieren. Deshalb sind neben den Maßnahmen, die die Ungleichheit kultureller Ressourcen angreifen, Strategien, die auf ökonomische Umverteilung setzen, unabdingbar. Der „Vorsorgende Sozialstaat" allein gibt auf die aktuellen und strukturellen Probleme von Kinderarmut keine hinreichende Antwort.

Frauenemanzipation

Wo keine Gleichstellung herrscht, kommen weniger Kinder zur Welt. Das macht sich schon an so banalen Zeichen der Gleichberechtigung wie Hilfe im Haushalt fest. So hat eine US-amerikanische Studie der Brown University gezeigt, dass Frauen häufiger ein zweites Kind bekommen, wenn der Mann im Haushalt hilft. Bleibt die gesamte Arbeit an der Frau hängen, so verzichtet sie auf das zweite Kind.

Das Ziel der skandinavischen Wohlfahrtsstaaten war die emanzipierte Gesellschaft und nicht die Steigerung der Geburtenrate. Das Ergebnis: Eine hohe Geburtenrate. Deutschland hinkt in der Gleichberechtigung der Frauen hinterher. Immer noch ist das traditionelle Familienbild der Einverdiener-Ehe die Folie, auf der das deutsche Rechts-, Steuer- und Sozialsystem beruht. Das Ehegattensplitting steht dafür beispielhaft.

Wenn den Männern auch gerne unterstellt wird – so auch im Bremer Entwurf für das Grundsatzprogramm –, dass sie gleichberechtigt Erziehungsarbeit übernehmen sollen und wollen, so lässt die dazugehörige Männerbewegung zur Durchsetzung dieses Wunsches immer noch auf sich warten. Die starre Rollenfestlegung benachteiligt Frauen, nicht Frauen und Männer, wie im Bremer Programmentwurf ausgeführt. Angefangen mit geringerem Lohn, schlechterem Zugang zum Arbeitsmarkt, schlechteren Karrierechancen, zusätzlicher Belastung durch Haushalts- und Familienarbeit bis zu finanziellen Einbußen durch Unterbrechungen der Erwerbstätigkeit kann die Liste noch lange erweitert werden. Die „Rabenmutter" als gesellschaftlich konstruiertes, patriarchalisches Druckmittel gegen erwerbstätige Mütter hat in der Welt des 21. Jahrhunderts ebenso wenig verloren wie auf der anderen Seite das Bild vom „Blaustrumpf". Die gesellschaftlichen Fortschritte seit dem Berliner Programm sind aber überschaubar. Das Leitbild ändert sich, aber der Weg zu einer gleichberechtigten Partnerschaft ist noch weit.

Fazit

Das Ziel sozialdemokratischer Familienpolitik ist es, Teufelskreise zu durchbrechen: vor allem den Teufelskreis zwischen Armut, Mangel an Bildung und wieder Armut.

Selbstbestimmte Flexibilität und zuverlässige Arbeitszeiten sind genauso Familienpolitik wie dafür zu sorgen, dass Menschen von ihrer Arbeit auch leben und Familien ernähren können.

Das Ziel sozialdemokratischer Familienpolitik ist ein emanzipatorisches. Frauenpolitik darf nicht in der Familienpolitik aufgehen. Andersherum wird ein Schuh daraus: Erst wenn Gleichberechtigung Realität ist, wird es für viele Frauen leichter sein, sich auf das Wagnis Familie einzulassen. Dann wird es auch den Familien besser gehen. Die Verbindung zwischen einer emanzipatorischen Frauenpolitik und Familienpolitik liegt dort, wo es um die Rechte und das Wohlergehen der einzelnen Frau und wo es der Familienpolitik um das tatsächliche Glück der Familie geht und sie nicht zur Magd der Bevölkerungspolitik gemacht wird.

Ziel sozialdemokratischer Familienpolitik ist es, die verschiedenen Politikebenen von Bund, Ländern und Kommunen für diese gemeinsamen Ziele zusammen zu führen. Eine Ebene alleine wird nicht in der Lage sein, die große familienpolitische Aufholjagd zu gewinnen.

Wohin zieht die neue Zeit?

Unser Projekt: Die Soziale Moderne

In allen „westlichen Demokratien“ vollzieht sich seit Jahren eine politisch ähnliche Entwicklung: eine nachlassende Bindewirkung der Parteien und ein dramatischer Schwund an Wahlbeteiligung und Mitgliedschaften. Die Flucht in eine Personalisierung der Politik verstärkt diesen Trend, wenn sie ein bloßer Ersatz für politische Programmatik und Glaubwürdigkeit ist. Die Bürger verlieren ihr Interesse an der Politik, weil sie ihr immer weniger zutrauen, die neuen gesellschaftlichen Herausforderungen zu meistern. Es wächst die Kluft zwischen der zunehmenden Sensibilisierung breiter Schichten für die neuen dramatischen Problemlagen und dem fehlenden Vertrauen, dass die politischen Eliten angemessene Lösungswege, auch schmerzliche, beschreiten.

Es handelt sich also weniger um Desinteresse an politischen oder sozialen Fragen oder ein jähes Abfallen an bürgerschaftlichem Engagement, das sich ja in der steigenden Zahl lokaler Initiativen zeigt. Vielmehr ist es eine Politiker-, Parteien- und Institutionenverdrossenheit mit der Folge einer Zersplitterung des Parteiensystems, einhergehend mit einer stetig nachlassenden Zustimmung zu den großen Parteien. Neue Parteien erscheinen als attraktiv, solange sie – wie die Grünen in den 80er Jahren – die neuen Probleme wenigstens benennen, oder weil sie – so wie die Linkspartei – die Gelegenheit bieten, zumindest Protest anzumelden.

Dieser Beitrag erschien am 6.3.2008 in gekürzter Fassung in „Die Zeit“ unter der Überschrift „Mein Projekt“. In ungekürzter Fassung erschien er in ZEIT-online am 5.3.2008.

Angesichts dieser neuen Parteienlandschaft sind Große Koalitionen immer öfter der letzte Ausweg zur Regierungsbildung – mit wechselseitigem Ausklammerungs- und Lähmungspotenzial, was die Entfremdung der Bürger vom demokratischen Institutionensystem weiter vertieft. Vor allem in Zeiten des Wahlkampfes nehmen die Neigungen sogar wieder zu, in abgestandene und abstoßende Konfliktinszenierungen zurückzufallen, am Rande des Populismus zu fischen oder alte Pawlow'sche Feindbildreflexe zu reanimieren – so wie es *Roland Koch* mit seiner Überfremdungs- und Kommunisten-Hysterie im hessischen Landtagswahlkampf versuchte. Er scheiterte daran, weil er meinem Versuch einer inhaltlichen und strukturellen Neuorientierung der Politik nichts entgegenzusetzen hatte außer dem Schüren alter Ängste. Die Bürger haben das gespürt und sanktioniert.

Politische Krisen entstehen, wenn eingespielte und vertraute Lösungsmuster versagen und neue Strukturen der Problembearbeitung noch nicht gefunden sind. Sie weiten sich zur Krise der Repräsentation (für den politischen Philosophen Antonio Gramsci die „heikelste und gefährlichste Krise"), wenn quer zu allen Parteien ein Zwiespalt zwischen Repräsentierten und ihren politischen Repräsentanten entsteht und keiner Partei mehr zugetraut wird, die „allgemeinen Interessen" noch zusammenhalten und durchsetzen zu können. In der gegenwärtigen Weltlage geht es aber zunächst einmal darum, neu zu definieren, was denn überhaupt (jetzt oder wieder) das „allgemeine Interesse" ist – angesichts der unregulierten Globalisierung der Wirtschaft, der Energie- und Klimakrise, der nur noch fragmentierten Berufsbilder und -biographien und des Generationenproblems. Das sind nur vier Problemfelder, in denen es offenbar mit „Teilrevisionen" (Peter Sloterdijk) alter Strukturen nicht mehr getan ist, sondern in denen es darauf ankäme, über neue, nachhaltige Institutionen nachzudenken, sie überzeugend zu vermitteln und um eine stabile Zustimmung zum Wandel zu werben. Kurz gesagt: wir müssen neue gesamtgesellschaftliche Projekte definieren.

Dabei kommen wir nicht darum herum, diejenigen überkommenen Gesellschaftsprojekte und Epochenbestimmungen zu überprüfen, die das politische Denken bis heute prägen. Die industrielle Moderne und die Postmoderne. Beide Gesellschaftsprojekte sind an die Grenzen der gesellschaftlichen Verallgemeinerbarkeit, Zukunfts- und Zustimmungsfähigkeit gestoßen. Wir brauchen also ein neues Leitbild, das die zementierten Interessenlagen und Strukturen überwindet und offen ist für neue Wege. Ich nenne dieses Projekt die „Soziale Moderne".

Die industrielle Moderne und ihre Grenzen

Die „industrielle Moderne" war der geistige Überbau des Industriezeitalters mit einer Serie technologischer Revolutionen und der Gewissheit einer prinzipiell grenzenlosen Expansion des Kapitalismus, in einer scheinbar unendlichen Wachstumsspirale. Innerhalb dieser Moderne bildeten sich die eingefahrenen „rechten" und „linken" Politikgleise heraus, die jedoch, für immer mehr Menschen spürbar, ausgefahren sind. Grob gesprochen: die rechte Industriemoderne setzte auf Wachstum und den trickle-down-Effekt, die linke auf eine soziale und demokratische Einbettung des Wachstumsprozesses, hin zum mitteleuropäisch-skandinavischen Sozialstaatsmodel. Permanentes Wachstum war auch hier die Voraussetzung – aber das gesellschaftliche Ziel war die soziale Umverteilung seiner Erträge.

Als Grenzen dieser industriellen Moderne wurden seit den 70er Jahren die immer mehr ansteigenden sozialen Kosten, insbesondere die ökologischen Folgeschäden, erkennbar. Und heute stößt sie dramatisch auf die Wachstumskonkurrenz der spätindustrialisierten Länder und an die Erschöpfungsgrenze derjenigen Energie- und Rohstoffressourcen, die industrielles Wachstum und Wohlstand bisher ermöglichten. Die industrielle Moderne unterminiert sich damit selbst. Und das Bewusstsein darüber steigt und ist nicht mehr aus der Welt zu illusionieren.

Die Grenzen der Postmoderne unter neoliberalen Vorzeichen

Die kulturelle Reaktion auf das Bröckeln der industriemodernen Zukunftsgewissheit war die „Postmoderne". Sie propagierte neue Formen „immaterieller" Bedürfnisbefriedigung, weil sie die materielle Grundlage des Wohlstands als auf Dauer gesichert wähnte: eine qualitative Steigerung der gesellschaftlichen Lebensqualität; mehr individuelle Autonomie; eine drastische Arbeitszeitverkürzung, die es den Individuen erlauben würden, soziale Aufgaben in ihrem Umfeld (Gemeinde, Quartier, Familie) wahrzunehmen; eine saubere Umgebung und eine intakte natürliche Umwelt. Auch innerhalb der Postmoderne gab es eine „Rechte", die auf die zunehmende Schwierigkeit, sozialstaatliche Leistungen zu finanzieren, mit einer Ideologie der Privatisierung antwortete – mit den Bereicherungsillusionen der Technologie-Blase der „New Economy", einer aufdringlichen Rhetorik von bürgerlicher Selbstverantwortung und die Abkehr von staatlicher zu privater Daseinsvorsorge. Dies wurde zur wahren Quelle jenes „Hedonismus", der als übles Erbe von '68 dargestellt wird. So bahnte sich die neoliberale Postmoderne ihren Weg.

Dieser Neoliberalismus, dem für ein paar kurze Jahre nicht nur Politiker der „Mitte" aufgesessen sind, ist jedoch offenkundig nicht nur sozial und ökologisch, er ist auch wirtschaftlich gescheitert. Er ist für die Mehrzahl der Menschen weder wirklich bedürfnisgerecht noch gesellschaftsfähig. Die Erfahrungen mit Privatisierung, Zwangsmobilität, Massenentlassungen und neuen Einkommensklüften habe seine Versprechungen Lügen gestraft. Aber die Skepsis der Menschen reicht tiefer. Das neoliberale Gesellschaftsbild mit seiner Feier der Ich-AG, des flexiblen Humankapitaleigners und der Verwandlung der Nation in einen bloßen „Standort" für Wirtschaftsinteressen gibt den Menschen keine Heimat.

Die ökologischen Folgeschäden des Neoliberalismus sind unübersehbar und angesichts eines globalen Wettbewerbs auf der Basis herkömmlicher Ressourcennutzung kaum abzuwenden. Bis weit in die Mittelschichten wächst die Sehnsucht nach einer neuen, zeitgemäßen Existenz- und Zukunftssicherheit. Es ist töricht, diese Stimmungen als rückwärtsgewandt, unaufgeklärt oder naiv-nostalgisch abzutun.

Die Soziale Moderne

Das politische Projekt der Sozialen Moderne erfordert, uns den tatsächlich unumkehrbaren, notwendigen und zukunftsträchtigen Entwicklungen der wirtschaftlichen Globalisierung zu stellen, aber ihre negativen sozialen, ökologischen und kulturellen Begleiterscheinungen nicht als unumkehrbares Schicksal hinzunehmen. Eine Voraussetzung dafür ist, die klassische Lösung der sozialen Frage, mit ihrer Beschränkung auf monetäre Umverteilung zu überprüfen sowie neue, zeitgemäße Formen gesellschaftlicher Solidarität zu finden und zu fördern. Es geht weniger als je darum, die Staatstätigkeit abzubauen; und mehr denn je darum, die Produktivität und die Qualität staatlicher Leistungen zu verbessern, und dafür neue Finanzierungs- und Verteilungskonzepte zu entwickeln.

Neue Antworten auf die dauernde soziale Frage

Neue Antworten auf die klassische soziale Frage verlangt überdies die bislang unbeherrschte ökonomische Dynamik der Globalisierung – sprich: die schleichend entstehende privatwirtschaftliche Planwirtschaft der hochkonzentrierten transnationalen „Global Player". Sie ist es, die Marktwirtschaft, wirtschaftlichen Mittelstand und regionale Wirtschaftsformen unter die Räder kommen lässt. Die Verhinderung und Entflechtung von Monopolen, national wie international, ist eine zentrale ordnungspolitische Herausforderung für Exekutiven und Legislativen. Die Infrastruktur, die zur Gleichheit aller Wirtschaftsteilnehmer und zur Daseinsvorsorge unverzichtbar ist, muss wieder als unverzichtbare öffentliche Leistung für Bürger und wirtschaftlichen Mittelstand verstanden werden. Angesichts der anhaltenden Tendenz zu immer höherer Produktivität, also zur Produktionssteigerung mit weniger Beschäftigen, und der Internationalisierung der Wirtschaft müssen neue Ansätze zur Finanzierung öffentlicher Aufgaben und der sozialen Sicherung entwickelt werden, etwa die Besteuerung und Abgabenerhebung von den Arbeitseinkommen auf eine sozial differenzierte Belastung von Verbrauchsgütern, der Nutzung nicht erneuerbarer Ressourcen und von überdurchschnittlichen Vermögen.

Ökologische Produktionsweisen: die neue soziale Frage des 21. Jahrhunderts

Die große wirtschaftliche Herausforderung für eine Gesellschaft der Sozialen Moderne ist die Umorientierung auf Produktionsweisen, die im Hinblick auf die kommenden Generationen die sozialen Kosten der gewordenen Vernichtung von Natur- und längst auch Wirtschaftsgütern vermeidet. Dies ist die neue soziale Frage des 21. Jahrhunderts. Wir wissen heute, dass dafür nicht mehr viel Zeit bleibt, nicht nur aus Gründen des Klimaschutzes, sondern auch aus denen der unumgänglichen Ressourcen- und damit Wirtschaftssicherheit. Grundlegend für die Soziale Moderne ist daher ein Wechsel von nicht erneuerbaren zu erneuerbaren und schadstofffreien Ressourcen. Nur so lassen sich ohne immensen administrativen und wirkungsarmen Regelungsaufwand die externen Effekte überkommenen Wirtschaftswachstums vermeiden. Wir müssen lernen, mit den Erträgen der Natur zu wirtschaften, und nicht länger von ihrem Kapital zu leben. Das heißt vor allem: eine Regionalisierung der Ressourcenschöpfung und eine

Dezentralisierung der Energiebereitstellung sowie eine breit angelegte Steigerung der Ressourceneffizienz. Eine neue Berechnung des Bruttosozialprodukts ist überfällig, die nicht nur pauschale Wachstumsgewinne, sondern auch die Verluste in Form der Ressourcenvernichtung und der Wachstumsschäden erfasst.

Das Projekt der Sozialen Moderne setzt auf das Potenzial aller Menschen, auf ihre Qualifizierung und ihre Sozial- und Demokratiefähigkeit. Dazu gehören: realisierte Lerngleichheit und eine Bildung, die Menschen befähigt, eine komplexe Welt auszuhalten, zu begreifen und trotz aller Wechselfälle der Wirtschaft ein sinnvolles und selbstbestimmtes Leben zu gestalten. Statt einer nur auf unmittelbare wirtschaftliche Verwertung fixierten Ausbildung geht es um eine zeitgemäße und umfassende humanistische und technische Bildung. Das vorrangige Bildungsziel muss es sein, Menschen die Möglichkeit zu vermitteln, aufgeklärte und selbständig denkende Subjekte zu werden, die alle ihre Fähigkeiten entwickeln können. Das verbietet die Frühauslese, und es gebietet, unabhängig von der sozialen Herkunft der Kinder vielfältigen Begabungen ihre Entfaltungschancen zu geben.

Die Erweiterung der kulturellen Bildung und der ästhetischen Erziehung ist dafür unverzichtbar. Kreativität, Phantasie, kulturelle Kompetenz und Kritikfähigkeit der Individuen müssen Gegenstand der Kultur und Bildungsarbeit sein. Das Versprechen der europäischen Aufklärung erfordert eine Politik der sozialen Gerechtigkeit und kulturellen Teilhabe. Der von konservativer Seite prognostizierte „Clash of Zivilisation“ (Huntington) wird nicht militärisch zu gewinnen sein. Die Soziale Moderne „rechnet“ sich nicht nur kulturell, sozial und ökonomisch, sie ist auch der Hebel zur Sicherung des Friedens zwischen den Kulturen.

Und nicht zuletzt muss die Idee der demokratischen Selbstverwaltung von Gemeinwesen gegenüber anonymer technokratisch-bürokratischer Fremdbestimmungen wiederbelebt werden. Wir werden die Aufgaben, die uns dieses Jahrhundert stellt, nur bewältigen können, wenn die sozialen und bürgerschaftlichen Netze stärker und dichter werden. Das fängt in den Gemeinden an. Dezentrale Energieversorgung, Schulen, die „Häuser der Bildung“ sind, neue entinstitutionalisierte Formen der Pflege, Altenbetreuung und Prävention sind nur in kommunaler und regionaler Verantwortung aufzubauen – und sie werden in diesem Prozess den Bürgersinn erweitern und das Interesse an Beteiligung steigern. Eine „Subsidiaritätsdebatte“ tut Not, aber nicht mit dem Ziel, die staatlichen Etats zu entlasten, sondern um aufgabengerecht über eine Neuverteilung der Kompetenzen, also auch der Steueraufkommen zu streiten. Die Frage muss beantwortet werden, welche politischen Handlungskompetenzen tatsächlich europäisiert und globalisiert werden müssen und welche aus demselben Grund kommunale und einzelstaatliche bleiben oder weniger werden müssen.

Die hier skizzierte Soziale Moderne ist das politische Projekt, das auf die Tradition und die anzustrebende Zukunftsrolle der sozialdemokratischen Parteien zugeschnitten ist. Es verknüpft die alten und die neuen sozialen Fragen in undogmatischer Weise und es definiert den Begriff „links“ neu. Wesentliche Elemente dieses Projekts – vor allem in der Bildungs- und der Energiefrage – prägten den hessischen SPD-Landtagswahlkampf und brachte der SPD den größten Zugewinn an Wählern seit vielen Jahren. Aber das kann und soll nur ein Anfang sein für eine Neubestimmung sozialdemokratischer Zukunftsorientierung. „Rechts und links“, schrieb der italienische Politikphilosoph Norberto Bobbio, werde es in jedweder Gesellschaft zu allen Zeiten geben, weil stets ein Spannungsfeld zwischen Individualismus und Gemeinsinn, zwischen Eigennutz und Gemeinwohl besteht. Aber sie bezeichnen „je nach Zeit und Situation unterschiedliche Inhalte“. Der Begriff „links“ der Sozialen Moderne bleibt dem Menschenbild der Gleichheit verpflichtet, gemäß dem kategorischen Imperativ Immanuel Kants: „Handle so, dass die Maxime deines Wollens zugleich als Prinzip einer allgemeinen Gesetzgebung gelten könnte“. Gleiche Rechte, gleicher Würdeanspruch, gleiche Entfaltungschancen – in einer politischen Form, die für alle zumutbar und sozial tragfähig sein muss, und dies vor allem im Hinblick auf die Lebenschancen der nächsten Generationen.

Daraus ergeben sich Rangordnungen *politischen* Handelns: Makroökonomie vor Mikroökonomie. Ökologie als wirtschaftliche Gestaltungsaufgabe und nicht allein als Naturschutz. Ressourcenerhaltung statt -vernichtung. Menschenrechte und Demokratie vor Wirtschaftsdogmen. Humanistische Bildung des „ganzen Menschen“ statt kurzlebiger, allein aktuell marktgängiger Qualifikation. All das unterscheidet die Linke der Sozialen Moderne vom Konservatismus der Ungleichheit und vom neoliberalen Menschenbild des einseitigen homo oeconomicus. Es unterscheidet sie auch von einer „Linken“, die Veränderungswillen behauptet, aber neue gestalterische Entwürfe für überflüssig hält.